U0931000

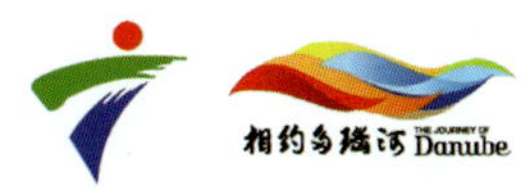

相约多瑙河

The Journey of Danube

刘莹 著

中国大百科全书出版社

图书在版编目（CIP）数据

相约多瑙河 / 刘莹著. --北京：中国大百科全书出版社，2012.1
ISBN 978-7-5000-8760-1

Ⅰ. ①相… Ⅱ. ①刘… Ⅲ. ①欧洲—概况 Ⅳ. ①K95

中国版本图书馆CIP数据核字（2012）第006252号

相约多瑙河

出　　品：北京全景地理书业有限公司
策　　划：黄进雄 董佳佳
责任编辑：徐世新 韩小群 董佳佳
责任印制：乌　灵
装帧设计：何　睦
图片编辑：许晓宁
供　　图：广东电视台 全景网 Getty Images 东方IC CFP corbis
出版发行：中国大百科全书出版社
社　　址：北京阜成门北大街17号
邮政编码：100037
电　　话：010-88390718
网　　址：www.ecph.com.cn
经　　销：新华书店
制　　版：北京美光制版有限公司
印　　刷：北京华联印刷有限公司
开　　本：720mm × 1000mm 1/16
字　　数：260千字
印　　张：18
版　　次：2012年2月第1版
印　　次：2012年2月第1次印刷
ISBN 978-7-5000-8760-1

定价：68.00元

《相约多瑙河》编委会

The Danube

一次追随大河的旅程

经过三年多的精心策划和拍摄制作，由南方广播影视传媒集团、广东电视台等单位联合打造的大型电视系列片《相约多瑙河》，从2010年5月起，在广东及上海、重庆、东莞等国内多家卫视隆重推出。现在，我们又与《中国国家地理》图书部联合出版《相约多瑙河》一书，通过这种形式，带领读者走进多瑙河，体验多瑙河。

被誉为“国际河流”的多瑙河，是世界上流经国家最多的河流，也是世界上著名的人文河流、音乐河流和政治河流。多瑙河是欧洲大地上鲜活的血脉，有了它，居住在这里的民族才生活得如此诗意。多瑙河是不断流动的蓬勃生命，流域两岸的文化、民俗、生活，承载着这里的人们不同的历史记忆和家园风情……

因此，2007年，南方广播影视传媒集团、广东电视台投资开拍大型电视系列片《相约多瑙河》，并于这一年的11月23日，在德国帕绍多瑙河畔的“茜茜”公主号游船上举行隆重的开机仪式。

此后，摄制组历时三年多，行程8万多千米，涉及国家包括德国、奥地利、斯洛伐克、匈牙利、克罗地亚、塞尔维亚、保加利亚、罗马尼亚、摩尔多瓦和乌克兰，几乎走遍了多瑙河流域的山山水水。如此大规模的全程实地拍摄，在中国和欧洲电视界尚属首次。

《相约多瑙河》从整体策划到采访拍摄，都非常注重反映多瑙河两岸各民族和各地区独有的历史记忆及人文特色，从多瑙河流动的历史中淘洗出厚重的文化。这是一部多瑙河前世今生的流动画卷，是一次多瑙河人文风情的深入寻访。

多瑙河流域风云际会，名人辈出，一大批政治、文化、科学、艺术、经济名人在这里出生、成长并创造着历史。这片土地镂刻着他们的传奇人生，也流传着他们许多可歌可泣、真实精彩的故事，这些故事也折射出多瑙河的岁月沧桑。在节目中您可以看到：从乌尔姆走出的爱因斯坦 、永远的茜茜公主、“带刺的玫瑰”诗人裴多菲、铁托的一生、齐奥塞斯库和一个时代的终结……

多瑙河是一条流淌着音乐与诗情的河流，在历史的岁月中，它为我们奉献了无数伟大的音乐家和世界名曲，让我们聆听到一首首亲吻着人类心灵的不朽奏鸣。《相约多瑙河》带您走近莫扎特、贝多芬、约翰·施特劳斯、李斯特、卡拉扬……为您呈现多瑙河音乐艺术的缤纷灿烂。

多瑙河像一条银色的项链，串起一颗颗璀璨夺目的明珠，这就是遍布两岸的一大批历史悠久、风貌独特、保存完好的名镇名城，不管是古老的、现代的，也不管是在历史岁月中风化只存下遗迹的，还是在战争中被毁重建的，每一座建筑、每一片风景都仿佛跳动着历史的脉搏，潜藏着一个个浪漫的传说。我们跟着一起走进三江之城帕绍、迷人的布拉迪斯拉发、“千岛之国”克罗地亚、玫瑰谷卡赞勒克、黑海明珠康斯坦察，一起去探秘多瑙河的源头——德国多瑙埃兴根、多瑙河出海口——乌克兰维尔科沃以及被誉为“人类最大的自然实验室”的多瑙河三角洲的神奇与美丽……

多瑙河沿岸居住着不同国家、不同民族的人民，保存着不同特色、绚丽多彩的民俗风情，有着丰富的特色物产。让我们一起去加入慕尼黑啤酒节的狂欢、度过优雅的奥地利咖啡时光、领略保加利亚的梦幻玫瑰谷和东欧大地上的红酒风情……

《相约多瑙河》的拍摄，自始至终得到了多瑙河10国驻华使馆、中国驻多瑙河10国使馆及相关国家、省有关部门的大力支持。德国、奥地利、匈牙利、斯洛伐克、罗马尼亚、保加利亚、克罗地亚、塞尔维亚、乌克兰等多瑙河沿岸国家驻华大使在接受《相约多瑙河》摄制组专访时，均对《相约多瑙河》电视系列片给予了充分肯定和高度赞扬。德国驻华大使认为，拍摄这样一部电视系列片是一个非常棒的创意和构思；奥地利驻华大使说，我非常欢迎你们做这样一部电视系列片，因为你们做对了题材，你们做了一件非常好的事情，我对此表示热烈祝贺；匈牙利驻华大使说，这部系列片不仅能增进中国人民对多瑙河沿岸各国的了解，还能扩大中国与欧洲的各项交流与合作；克罗地亚驻华大使激动地说，你们就像现代的马可·波罗，使得人们更加贴近彼此，联系更加紧密；罗马尼亚驻华大使表示，这部系列片是非常有意义的，会进一步加深我们罗马尼亚人跟中国人之间的了解，这部作品对进一步加强两国彼此间的友谊非常重要。

此次与《中国国家地理》图书部联合出版《相约多瑙河》一书，值得庆贺。从电视影像到文字图片，形成的变化将对多瑙河的丰富内涵带来全新的诠释和表现。让我们跟着《相约多瑙河》一书，一起去饱览多瑙河沿岸国家政治、经济、历史、文化、社会、生活的方方面面，一起去撩开多瑙河的神秘面纱，走进多瑙河神奇浪漫的梦境……

南方广播影视传媒集团总裁

张惠建

2011年9月5日　广州

The Danube

前言

多瑙河，一个美丽的名字，说起它，人们总能联想起维也纳、布达佩斯这样的历史名城，回忆起《蓝色多瑙河》优美的旋律。作为欧洲第二长河，它是一条自然之河，流经富饶的土地，穿越险峻的峡谷，既给两岸带来航运的福泽，偶尔也会洪水泛滥，发泄自然之愤；但是，它更是一条文化之河、历史之河，它走过的土地，既是沟通东西方文明的重要通道，也是历史上各种势力和种族的角斗场。

从德国南部神秘的黑森林中出发，多瑙河流经2850千米的路程，穿越德国、奥地利、斯洛伐克、匈牙利、克罗地亚、塞尔维亚、保加利亚、罗马尼亚、摩尔多瓦、乌克兰等10个国家，横跨欧洲东、南部大陆，沿途汇集了300多条支流，最终汇入黑海，成为全世界所有河流中流经国家最多的一条。

大河往往是文明的摇篮，多瑙河亦是如此，河两岸的人类文明的曙光，可以追溯到18万年以前。在奥地利、捷克、罗马尼亚等地出土的史前陶罐、雕塑，让我们得以窥见人类文明早期的点滴痕迹。达契亚文明、“骨灰坛文化”、色雷斯人族群……它们都是多瑙河水哺育出的孩子，虽然略显质朴粗犷，却是日后灿烂欧洲文明的滥觞。

在文化发展初期阶段，欧亚大陆上形成了多个族群与文明，它们基本分为农耕和游牧两种类型。生活方式并不是主观选择的结果，更多是由生存环境决定的。在东欧到西亚一带的大陆上，沿着纬线，有一条贯穿两个大陆的农耕地带；农耕地带以北，包括蒙古草原和一直延伸到东欧的喀尔巴阡山，是一条与农耕带平行的游牧地带，而多瑙河就位于农耕地带与游牧地带的边界线上。

两种不同文化的拉锯在多瑙河畔展开，注定了这里难以产生像古埃及、古巴比伦那样的以大河为核心区的强大国家，但这也为多瑙河戴上了一顶闪闪发光的金冠：各种文明沟通、交流的通路与桥梁。

在古希腊的辉煌时期，船头雕刻着女神的希腊船只来到黑海海滨，在多瑙河入海口附近与当时的色雷斯人好奇地相互打量；在奥斯曼帝国的鼎盛时代，来自亚洲的土耳其军队沿着多瑙河刺入欧洲，引发欧洲基督教世界一片惶恐；第二次世界大战之后，铁幕拉下，这里又成为苏联的社会主义阵营与西方的资本阵营对垒之地……

硝烟和战火，弹指间灰飞烟灭。几千年中，各种文化、宗教、种族在此相遇，有时是友善地相互交换对方手中新奇的物品，但更多的时候是冲突与对峙。商人也罢，士兵也罢，不管他们用何种手段，经历了何种过程，人的迁徙和文化的融合是漫长岁月中不变的真相和主题。

徜徉于多瑙河畔的古城，你会惊叹这里建筑风格的多元与杂糅，希腊式、罗马式、土耳其式、哥特式、巴洛克式……几乎涵盖了所有欧洲历史上著名的建筑风格。多瑙河水将它们融合在一起，再奇迹般地奉献出来，造就出一朵朵万花筒般绚丽多姿的城市之花。

不同文明碰撞出的火花在多瑙河上闪耀，那些历史名人的故事被人们传颂至今：欧洲之母的特蕾西娅女王、广受人民爱戴的茜茜公主、音乐天才莫扎特、近代政治领袖铁托……多瑙河的波涛，已经深深融入欧洲历史之中。

很难用一句简单的话来总结这样一条大河，对于它，也许我们应该听着《蓝色多瑙河》的美丽旋律，任由自己沉迷在它辉煌历史和对未来的无限遐想中。不管人们赋予它什么属性，多瑙河总是保持着自己的独特风姿，义无反顾地奔向蔚蓝的黑海。

目录

DONAUESCHINGEN

多瑙埃兴根：大河之梦开始的地方

初冬，午后。

暖阳驱散了刚刚到来的寒意，融化的雪水把宁静的德国小镇清洗如新。多瑙埃兴根（Donaueschingen），小镇的名字在德语中的发音抑扬顿挫，镶嵌到歌曲中就是一句好词。小镇的居民也赞同这一点，他们在镇上的中心街道边树立了这样一组雕像：有人弹钢琴，有人拉提琴，有人吹号，俨然一场小型音乐会。无声的音乐就这样一直流淌在粉饰成暖黄、洁白、浅绿的错落有致的老房子中。

走在石块铺就的道路上，如果只看街道两边的建筑，古老的小镇虽然美丽，但与其他德国乡间小镇并无太大差别。可是，数百年来，这里一直吸引各地的学者、游客带着朝觐的心情前来，因为它有一个无可比拟的荣耀光环，这里是一条伟大河流——多瑙河诞生的地方。

多瑙河，欧洲文明的守望者，欧罗巴大地的美丽女神，它的每朵浪花都交织着血与火的历史。它在诞生之初，是娇羞如少女，还是狂野如猛兽？

在德国贵族菲尔斯滕贝格家族的私人领地上，有一座双层祭坛模样的水池，圆形的石雕水池古朴庄严，精美的石刻显示出它尊贵的身份，沿石阶走到下层，靠近池边，能看到清澈的水从池底源源涌出，不时带起一串气泡。池底的一侧有一道古旧的栅栏，池水从栅栏处溢出，这水流出去之后便是多瑙河的开端了。

荡漾的波纹下能看到池底散落着无数金色、银色的硬币。据说，在这里许下心愿，然后抛一个硬币到水中，就能实现愿望，非常灵验。

水池上方有一组精美的石头雕像，后面是两个美丽的女神，身前站着一个可爱的孩子。很多人都以为那位比较高的女神是多瑙河之神，因为德语中“河流”这个词是阴性的，传说中，有很多河流的主宰都是女神。其实，女神脚下的孩子才是多瑙河的象征。

水池上方的石头雕像，前面的儿童代表多瑙河，它被后方两位美丽的女神护佑着。

这个私人领地上的小水池，便是“官方”认定的多瑙河源头，水池中有一股清泉汩汩冒出。

仔细一想，既然这里是多瑙河的源头，多瑙河以幼儿的形象出现的确是再合适不过的。而孩子身边的女神叫巴尔，是多瑙埃兴根这片土地的女神。雕塑中，女神巴尔正在赐福于多瑙河，祝愿这条河茁壮健康，惠泽沿途的土地和人民，直到奔流入海。

有意思的是，在水池上方有一块石碑，上面刻着“从此流向大海2840千米”。但是多瑙河的资料全部都说，这条河全长2850千米。那么多出来这10千米是怎么回事呢？

原来，这个小小的水池在很长时间都是“官方”认定的多瑙河源头，但是实际上，这却不是地理学上真正的多瑙河河源。人们对多瑙河流域的探寻早在2700年前就有记载。那时，全世界绝大多数地方还处于蒙昧时期，只有几个古老的文明分别在南欧、中亚和中国中原等地绽放异彩。

公元前7世纪，古希腊人探索南欧大地，他们遇到多瑙河，并把它称为伊斯特尔河，对它进行了一些勘测。但因为这条河延伸深远，河道地形复杂，古希腊人并没有勘测到它的源头。

之后的几百年里，罗马人在南欧建立帝国，帝国不断扩张，强盛一时。在公元前15年，罗马人进入了多瑙河流域，并在多瑙河南岸建立了行政省份。后来，多瑙河成为庞大帝国北部边疆的界线，罗马人沿河修建了许多军事要塞。

作为界河，多瑙河的重要性凸显，所以罗马人对多瑙河进行了一次官方性质的勘察。他们沿河上溯，一直找到今天德国西南部巴登-符腾堡州的黑森林地区，也就是现在的多瑙埃兴根。

据说，当时罗马的勘探队伍探寻多瑙河源头时，一路上非常辛苦。他们找到一眼泉水，泉水甘甜可口，队伍在这里停留下来用泉水解渴。也许是他们走累了，再加上这处泉水甜美、风景宜人，于是他们就把这眼泉水认定为多瑙河的源头。

后来，这泉眼所在土地成为德国贵族菲尔斯滕贝格的私人领地，菲尔斯滕贝格伯爵在泉眼修筑了水池，并把这里建成一个对公众开放的小公园，让人们都可以来一睹“多瑙河源头”的芳容。

这眼泉水虽然美好，但是这毕竟不是多瑙河真正的源头，近现代有不少人继续探寻这个秘密。其中一个德国作家的故事最为有趣。

这位名叫阿梅迪欧的作家对多瑙河源的问题十分感兴趣，他曾经为寻找河源在多瑙埃兴根居住过一段时间。当时他认为，多瑙埃兴根的水池只是一个聚水的地方，一定另外有一个源头。于是，这位作家就朝着山坡上走去，最后，他发现了一条小溪，在离水池很近的地方渗入了地下，于是他顺着小溪继续往上走。仅仅过了100米，阿梅迪欧又发现了一座小屋，汇成小溪的水流是从小屋里流出来的。走进小屋，阿梅迪欧发现，原来里面有一截自来水管，水管上方的水龙头坏掉了，永远也关不上。水龙头流出的水，就是这条小溪的源头。

这是一个在多瑙埃兴根广为流传的笑话，倒是反映出德国人严谨性格中一份难得的幽默。

其实，问题的答案并不难寻找，真正地理意义上的多瑙河源头就在这处水池上游不远的地方——郁郁葱葱的黑森林中。离开多瑙埃兴根小镇向东挺进山区，柏油公路在森林中蜿蜒攀升，山涧里的岩石上保留着白雪的痕迹。不必看路牌，两边森森的树木已经告诉我们，我们已进入了德国著名的黑森林风景区。

黑森林是德国最大的森林山脉，位于巴登-符腾堡州。在南北长160千米连绵起伏的山区内，生长着无数终年常绿的冷杉和松树，被人们俗称为“黑森林”。而我们现在进入的这片山区，是黑森林的核心

这个小小的水池中有很多硬币。欧洲有向水池中扔硬币许愿的风俗，据说在这里许愿非常灵。

德国南部山区的山林以针叶树为主，因为叶片颜色比较深，所以整片森林看上去很幽暗，被称为“黑森林”。

区域之一，名字就叫“黑林山”。

冷杉和松树都是耐寒的植物，为了适应寒冷天气，它们的叶子退化成不易散失热量的短棒或细针型。叶子表面还有一层蜡质，多加了一重保护。这类树木组成的森林，被称为“针叶林”。虽然它们都是四季常绿的植物，但是除了春天新发的嫩芽，一年中的大多数时候，它们的叶子都呈墨绿色，到冬天更是如此。

进山以后，天空就转阴了，树林更显幽暗。走进林中，地面铺满了厚厚的松针，踩上去颇有弹性，四处弥散着松树特有的清香味。密集的枝条遮挡了阳光，举目四望，周围都是黑压压的树干，从每个方向看，都是一模一样的。

黑森林里天然形成的冰柱，俨然一个精美的抽象艺术品。

在工业革命之前，对于普通百姓来说，冬季穿越黑森林是非常艰难的，寒冷的天气、难辨的方向还有饥饿的狼群……都让黑森林成为交通的壁垒。不过到了夏天，这里却凉爽舒适，且不说薪柴和牧草，单说林下美味的菌类松茸，黑森林就是让人向往的富饶之地。德国历史上几次战争，黑森林地区都是城邦领主们争夺的对象。

在山口的一处观景台上向外远眺，灰蒙蒙的天空下，无尽的山林蔓延向远方，颜色如水墨画一般，呈现出由浓转淡的墨色，“黑森林”之称真是名副其实。这种黑色是美的，更是充满神秘感的。不难理解，为什么德国的民间传说和童话中，有那么多故事都是发生在这里了。智斗大灰狼的小红帽、白雪公主和七个小矮人、月夜就会变身的狼人……对于这些精灵鬼怪来说，这片神秘的黑色森林，不正是最理想的居所吗？

从任何意义上说，这里都是一片“有故事”的森林，它孕育了流传千年的故事，也发源了流淌千里的河流。黑森林地区丰富的植被孕育了许多小溪流，它们在林间蜿蜒流淌，汇聚成了无数河流。

这些河流中，有两条与我们的故事紧密相关，一条是49千米长的布雷格河，另一条是43千米长的布里加赫河。在多瑙埃兴根的上游，一个叫做富特旺根的小镇附近，这两条河汇集到一处。河并不太宽，水流也不算特别湍急，岸边也并没有什么显眼的标志，但是这个地方绝不普通——因为地理学家经过考证最终确定，这两条河流汇合之后，便是名声显赫的多瑙河。奔流的河水清澈透明，依然带着山林间的寒气。它们将穿越2000多千米的欧洲大地，见证无数悲欢离合，最

黑森林中这些清澈的小溪，就是多瑙河水最初的来源。这些唱着欢歌的溪水，将一路向东，经过2000多千米，流入黑海。

黑森林里夕阳下的城堡，诞生了小红帽、白雪公主等广为流传的童话故事。

终流入黑海浩瀚的烟波之中。

因为这里是多瑙河的“正源”，而且汇聚为多瑙河的布雷格河和布里加赫河，也是从富特旺根镇下属的黑森林山区孕育而出的，所以富特旺根镇一直在争夺多瑙河源头的称号。但是人们还是习惯于传统的看法，把多瑙埃兴根的水池当成多瑙河之源。不管源头在何处，人们对多瑙河的热爱却是始终不减的。

找到了多瑙河的地理学源头，我们再次回到小镇多瑙埃兴根，成功地见到了大河开始的地方，自然少不了按“最德国”的方式庆祝一番——到小酒馆喝杯啤酒。

与中国的绝大多数啤酒不同，德国啤酒在酿造过程中不使用大米或玉米作为辅助原料，而是全部采用大麦，这使得德国的啤酒具有浓厚而独特的口味。在德国人看来，使用了玉米和大米作为辅助原料的啤酒，是不能够被称为真正意义上的啤酒的。菲尔斯滕贝格啤酒不但严格遵守行规，而且严格采用德国本土生产的大麦，以保证其纯正口味。

多瑙埃兴根镇上最有名的酒馆就叫菲尔斯滕贝格，也是这个贵族的家业。进入酒馆，里面热闹非凡，聚集着一大群兴奋的德国青年。原来这座小镇同时也是著名的德国拜仁慕尼黑足球队训练的场所。拜仁队刚刚胜了一场比赛，球迷们正在欢庆，情绪高涨，一扎接一扎地痛饮啤酒。

酒馆的服务员显然对这种情况习以为常，不论男女服务员，每次都能同时端上七八杯酒，这种带手柄的大玻璃杯，每个都能装1升左右的酒。看来，在这里当服务员需要一定的臂力才行。

我们的菲尔斯滕贝格啤酒上桌了，酒色金黄如蜜，小气泡一串串从杯中蹿起，看起来就很诱人。浅尝一口，清香四溢，比大多数中国啤酒的苦味要重一些，但是香味也更浓郁，非常美味可口。

酒馆的老板介绍，啤酒的苦味和香气主要来自酿酒原料啤酒花。啤酒花是一种多年生的蔓藤植物（中文名字叫蛇麻），它使啤酒具有独特的苦味和香气，并有防腐和澄清麦芽汁的功能。早期的啤酒中并没有添加啤酒花，是德国人最早发现和使用啤酒花的，现在，啤酒花已经成为啤酒酿造过程中不可缺少的原料之一，全世界的啤酒厂都遵循这种配方生产啤酒。

不过，即使使用的原料相同，酿造出来的啤酒依然会千差万别，

德国啤酒闻名世界，多瑙埃兴根小镇也拥有自己的啤酒品牌。因为有良好的水源，这里酿造出的啤酒，口味醇正，是德国“十大啤酒品牌”之一。

因为大麦与啤酒花的添加比例、酿酒用的水都会影响口味。菲尔斯滕贝格啤酒厂有好几百年的酿酒经验，原料配比当然是精到准确，而他们使用的水取自黑森林山地，自然是无比的纯净清冽。

多瑙埃兴根酿酒拥有得天独厚的自然条件优势，啤酒的口味也绝佳。今天，这里出产的啤酒远销世界各地，甚至欧洲的航空公司都把菲尔斯滕贝格啤酒列为飞机上提供的酒精饮料之一。在德国酿造协会的评选中，菲尔斯滕贝格啤酒被评为德国十大著名啤酒品牌之一。

我们还听到一个有趣的细节。在过去的岁月里，作为一项传统和福利，菲尔斯滕贝格啤酒厂的工人们每天都可以免费享用一升啤酒，令人遗憾的是，今天这个传统已经被终止了，不知道这有没有引起工人们的不满？

多瑙埃兴根是公认的多瑙河源头，并因此成为一处闻名于世的旅

游胜地，许多游客慕名而来。潺潺流动的多瑙河水在不经意间改变了多瑙埃兴根的命运，也影响着人们的日常生活。让我们共同举杯，为美丽的小镇、为美丽的多瑙河，一起干上一杯。

啤酒的苦味和香气主要来自酿酒原料啤酒花，德国人是最早发现和使用的啤酒花的，现在，啤酒花已经成为啤酒酿造过程中不可缺少的原料之一。

U L M
乌尔姆：天才与泰迪熊的故乡

多瑙河从源头出发，犹如一个羞涩的少女，带着几分纯真，几分烂漫，流经它沿途的第一座城市——德国巴登-符腾堡州的小城乌尔姆（Ulm）。也许你会觉得乌尔姆这个名字还有点陌生，但是你不会不知道诞生在这里的那位伟大人物——爱因斯坦。

一头苍白的乱发，吐着舌头的顽皮鬼脸……乌尔姆街头随处可以看到爱因斯坦的痕迹。这位20世纪最伟大的科学家，就诞生在这座现代与传统并存的小城里。也许是沾染了“天才”的气息，这座人口还不到20万的小城却拥有水平相当高的大学和研究所，因科研和工业新技术领域的成就，乌尔姆还被评为“欧盟最具创新力”的地区。

爱因斯坦是乌尔姆的骄傲，这里至今保留着市政厅对爱因斯坦的出生记录，那张签署于1879年的陈旧的纸片上写着：

“商人赫曼·爱因斯坦，住址乌尔姆市车站大街135号，在见证人的面前陈述了一名男婴，取名为阿尔伯特，在3月14日早上11时30分，出生于他在乌尔姆的住宅，生母是信犹太教的波琳·爱因斯坦。

见证注册人，哈特曼”

这位签署过无数出生记录的哈特曼先生也许不会知道，这次例行公事的普通签名，却让他成为伟人诞生的官方见证者，而对犹太商人赫曼·爱因斯坦来说，他也不会想到，这个很迟才学会说话的儿子，身上蕴藏着改变世界的力量。

由于生意失利，老爱因斯坦在儿子出生两年后，就不得不举家搬迁去慕尼黑投奔亲戚。虽然爱因斯坦只在乌尔姆生活过两年，但是他依然是整座城市的骄傲。据说，爱因斯坦自幼就对未知世界充满了好

乌尔姆街头的爱因斯坦雕像，雕像选用了这位科学巨匠做鬼脸的表情，生动有趣。

奇与渴望，而正是乌尔姆市“鼓励探索”的文化氛围，影响了他日后的发展历程。

乌尔姆人确实以“勇敢探索”为荣，这里现在有一个“试飞裁缝纪念处”，就是人们为了纪念一次壮举而特别设立的。被纪念的这名裁缝名叫贝尔布林格，虽然其工作是与布料、针线打交道，但是他却对蓝天和飞行充满热情。他业余爱好机械工程，经过努力钻研，自制出一架滑翔机，并于1811年在多瑙河畔进行了首次试飞。

虽然这次飞行没有成功，勇敢的裁缝最终落入了多瑙河中，但乌尔姆人对他的行为津津乐道，赞赏有加。爱因斯坦小时候一定听过这位裁缝的故事。在他完成学业后，在邮电局任职期间，潜心研究物理学，构建出“相对论”等重要理论的雏形。爱飞行的裁缝和喜欢物理的邮政局职员，两者或许真的都与乌尔姆的水土有些关联。

可惜的是，爱因斯坦出生的房子在第二次世界大战期间被战火毁掉了。爱因斯坦生前曾留下遗嘱，骨灰撒到空中，不要墓地，不在故居或办公室建任何形式的纪念馆。但是，这份遗嘱无法阻止人们对这位伟大科学家的敬仰，现在乌尔姆爱因斯坦故居原址处，树立了纪念碑，城中还有“爱因斯坦喷泉”，让世界各地来朝圣的人有一个寄托、追忆之处。

市政厅侧面墙壁上的彩绘图案吸引了众多来乌尔姆一游的人

乌尔姆是一个传统与现代相融合的地方，在节日时，能见到传统服饰的游行、表演。

除了世界最伟大的科学家，乌尔姆还有一项“世界之最”——全世界最高的大教堂。在老城区，几乎站在任何一个街头角落，都能看到乌尔姆敏斯特大教堂那像宝剑一样直刺蓝天的塔尖。

站在敏斯特大教堂前的广场前，你能深刻体会到什么叫壮观，什么叫震撼。从正面看，教堂的形状像古代兵器戟矗立在地面，指向天空。这座哥特式教堂是建筑学的一个奇迹，教堂的正面宽度只有49米，而中间的主塔楼竟高达161.53米！这个高度，相当于五六十层的摩天大楼的高度，比著名的德国科隆大教堂还要高出4米多。

现代大都会的建筑，不乏高度超越过它的，但是因为这座教堂周边只有三四层高的古式小楼，所以显得敏斯特大教堂格外高大、庄严。现代摩天大楼大多不过百年历史，而这座大教堂却始建于1377年，经过长达5个多世纪的不断建设才最终完成。

乌尔姆城历史悠久，14世纪时，即使被战乱波及，但是它依然是当时欧洲最繁荣、最富庶的城市之一。当时，天主教在西欧势力强大，权利辖区内各地无不争相建造教堂，以彰显上帝的荣耀。

当时欧洲流行塔楼高耸的哥特式教堂，乌尔姆的市长聘请了著名的建筑设计师帕尔勒为城市设计建造一座主心大教堂。1377年，设计师提出了一个大胆的计划，甚至可以说有些“疯狂”——建造一座高156米的哥特式塔楼教堂。1377年6月30日，这项史无前例的大工程动工，乌尔姆的市长与帕尔勒一起为教堂埋下第一块基石。

敏斯特大教堂是全世界最高的大教堂，中间的主塔楼高达161米，是建筑学的一个奇迹。

修建一座超高的建筑，并不是光靠宗教热情就能完成的，虽然帕尔勒以及其家族其他成员十分努力，但教堂修建工作依然十分艰难，他们只完成了部分工程。在14世纪末，乌尔姆本地出生的建筑师里希·恩辛格主持了教堂建设工作。

与帕尔勒一样，里希·恩辛格诞生于一个建筑师家族，他们家族曾设计建造过不少高大的教堂，而建造一座超过150米的大教堂是他们家族的心愿。可是，即便有了更详尽可行的规划，以中世纪的技术水平，建造这样超高的建筑谈何容易！“愚公移山”的故事在建筑师恩辛格家族中上演了，从他开始，祖孙三代恩辛格都致力于乌尔姆大教堂的修建。可是，想要完成一座如此宏伟的建筑，百年岁月，依然不够。

随着15世纪结束，当欧洲大陆迈入一个新的百年，宗教改革的火焰在欧洲燃起，西欧和南欧的宗教、政治、经济格局发生了重要改变。资金无以为继和政治的压力让这项伟大的工程时断时续，虽然依然有众多代建筑师和工匠对它投入大量心血，但是建造最高塔楼的梦想，在之后的数百年中始终未能完成。

直到进入19世纪中叶，时政稳定下来，继续修建敏斯特大教堂被重新提到乌尔姆的日程之中。建筑师古斯特·冯·拜尔接替了前辈们的工作，此时的建筑技术和工艺都远比中世纪时期进步很多。经过几十年的建设，教堂的主塔楼和其他部分相继完工。

从敏斯特大教堂远望多瑙河

1890年5月31日，人们怀着崇敬之心，把十字架安放在主塔楼之上，这标志着持续建设500多年的大教堂终于完成。建筑师前辈们终于可以含笑九泉，敏斯特大教堂中央主塔楼高度为161.53米，成为全世界最高的大教堂，并把这个纪录一直保持到今天。

在乌尔姆，当地人都愿意为你讲一些关于大教堂的故事，500多年的修建历程，其中的故事可以写成厚厚的书。人们最爱提起的还是它在第二次世界大战时期的经历。第二次世界大战期间，乌尔姆曾遭到过空袭，当时广场四周的建筑都被严重炸毁，而这座主教堂却幸免于难，有一颗榴弹穿透了主塔楼，但并未造成太大损失。

之前，教堂的窗户上有不少宗教题材的彩色玻璃拼画，一些画作的历史可以追溯到中世纪。空袭前，为了保护这些玻璃拼画，政府把它们都从教堂转移出去了。没想到，储存的地方却中了炸弹，被毁的还不少。

大教堂庄严肃穆，极高的大厅穹顶，让人立刻感觉自身的渺小。大教堂里光线充足，墙底部是浅色的砖石，高处是洁白的顶，顶上用明黄色勾勒出建筑结构的线条。经过宗教改革，这座大教堂现在是隶属于新教的，所以不像传统的天主教教堂那样富丽堂皇、拥有繁复的装饰，除了窗户上色彩依旧艳丽如新的玻璃画和高悬在大厅前方的十字架，教堂里没有其他装饰。但是，建筑空间本身却会让人自然而然地产生一种祥和与谦卑的感觉，也许是因为历代建筑师和工匠在工作时都抱着虔诚敬畏之心，所以即使不信宗教的人，在这里也能感受到浓郁的宗教气氛。

教堂高大的主塔亦可以攀登。主塔内部有螺旋形的通道通向塔顶，并且分别在70米、102米、143米的高度上设有观景平台。不畏攀登的人可以沿着768级台阶盘旋而上。因为大教堂修建于钢筋构件等技术发明之前，为了保证其高度，主塔围墙的厚度很大，塔中间的通道非常狭窄，仅够一人容身。

在塔楼的平台上可以把乌尔姆城尽收眼底，砖红色小楼屋顶以大教堂为中心延伸开去，多瑙河像一条绿色丝带，温柔地从城边飘过。天气好时，这里可以眺望到远处的山峦，据说最远能一直看到阿尔卑斯山。

罗斯福总统在一次狩猎中，不忍杀死小熊，这件逸闻当时被漫画家Clifford K. Berryman绘成漫画，刊登在1902年11期的《华盛顿周报》上。商人受此启发，制造出至今依然流行的“泰迪熊”玩具。

科学巨匠与伟大建筑，都值得乌尔姆人自豪，但是，前者的理论高深，一般人难以理解；后者必须亲自到达，才能体会它的神韵。而乌尔姆，还给世界贡献了一样东西，它温馨、可爱，可以成为每个孩子最贴心的伴侣。它就是泰迪熊。

说起泰迪熊，很多人都知道，它的名字来源自美国历史上最伟大的总统——西奥多·罗斯福。故事发生在1902年，罗斯福应密西西比州政府之约去参加一次狩猎活动。邀请总统狩猎，安全性当然要万无一失，谁也不会让总统真的去与巨大的北美黑熊搏斗。于是，有人把一只捕获的小熊拴在树上，请总统开枪“打猎”。

罗斯福并没有接受这番“好意”，而是直接拒绝开枪，并说这是不公平的。后来漫画家把此事画成政治漫画，让这个故事广泛传播。之后有人按照漫画的形象做成小熊毛绒玩具，结果非常受欢迎，因为罗斯福的昵称叫“泰迪”，所以这种玩具熊也就被人们称为“泰迪”。当时“泰迪熊”并非一个品牌或某种产品，它更像是“毛绒玩具熊”的代称。

故事到此，都还是发生在美国，在此后的岁月中，泰迪熊却与德国发生了联系。在离乌尔姆市不远的地方，有一个叫京根（Giengen）的小镇，镇上有一位玩具制造商玛格丽特·史黛芙女士。史黛芙有一家规模不是很大的玩具制造厂，出产给儿童玩的毛绒玩具。1903年，史黛芙在亲戚的建议下，开始制作毛绒小熊。

一年后的莱比锡玩具交易会上，史黛芙的玩具熊被美国商人看中，一下订购了好几千只，当时美国刚开始流行“泰迪熊”，于是这批来自德国的熊仔也统统被归为“泰迪熊”。因为质量上乘，做工精细，史黛芙女士的毛绒玩具熊逐渐成为市场上最主流的泰迪熊，而乌尔姆附近的京根镇，则称为泰迪熊的家乡。

京根镇与其他德国南部小镇一样，安静祥和，不同的是，这里的街头巷尾时常可以遇到各种各样的小熊。如今史黛芙公司已经成为世界级的玩具制造商，公司还修建了一个“泰迪熊博物馆”，营造了一个温馨如童话的泰迪世界。

泰迪熊本身并不是某一个公司的专利产品，但是，史黛芙的公司出产的泰迪熊被公认为是质量最好、最为正宗的。京根镇出产的泰迪熊现在销往世界各地，陪伴着无数孩子度过童年时光。不过，如果你

敏斯特大教堂位于老城中心，在城中任何位置都能看到它高高的尖顶。这座教堂和爱因斯坦，都是乌尔姆市的骄傲。

泰迪熊本身并不是某一个公司的专利产品，但是，德国史黛芙的公司出产的泰迪熊，被公认为是质量最好、最为正宗的。

认为泰迪熊不过是小孩子的玩具，那就大错特错了。现在，泰迪熊已经跨入奢侈品、收藏品的行列。

那些早期的限量版泰迪熊，已经成为佳士得等拍卖公司的“座上客”，曾有一只史黛芙公司早期生产的泰迪熊，拍到了4.6万英镑的价格。一个小小的玩具熊也能成为时尚收藏品，这恐怕是大多数人都想不到的。

来京根游览的人中，十有八九都会买一两个泰迪熊回家。一位带着婴儿的母亲说，因为小孩子经常会把东西放在口中咬，所以玩具的安全非常重要。超过百年历史的史黛芙公司信誉极佳，它们的泰迪熊可以放心地给孩子玩。

泰迪熊可爱的外貌背后，是德国人注重质量的严肃精神，也许这才是他们获得商业成功的真正原因吧。

PASSAU

帕绍：三江汇聚的城市

坐拥三江，连接两国，位于德国拜恩州的小城帕绍（Passau），拥有得天独厚的地理优势。帕绍是多瑙河流经德国境内的最后一座城市，不知是多瑙河留恋德国，还是德国舍不得多瑙河，总之，上天赐予帕绍绝色的美景，让曾经横扫西欧的拿破仑惊叹这里是“德国最美丽的城镇”，著名的奥地利皇后茜茜公主也把帕绍当成归隐的“秘密花园”。

两条河流交汇之处往往就能成为水路的交通中转站，而帕绍一城，就独占多瑙河、因河、伊尔茨河三条大河的便利。事实上，世界上坐落在名川大河之畔的城市数不胜数，但像帕绍这样，有幸处在三河相拥之地的就极其稀少了。

帕绍古城就建在被三条河并流分割的半岛之上，这种极佳的位置，使得地理学家把它评为“世界上地势最佳的七大城市”之一。环绕小城的三条河流不分昼夜地舒展流淌，而它们的颜色、流量和流速各不相同，形成非常靓丽的风景线。

想要领略三河并流的气势，最佳的角度是像飞鸟一样，从空中俯瞰。帕绍城中，有多家热气球公司可以提供这种贴心而周到的服务。我们联系了一家家庭式热气球公司，一位本地土生土长的帕绍小伙子带我们踏上这次空中之旅。

随着火焰在头顶上方呼啦啦地喷出，热气球缓缓地升到高空，帕绍老城和三条交汇的河流一览无遗，尽收眼底。在高高的热气球上极目远眺，我们可以清晰地看到从瑞士阿尔卑斯山滚滚而来的因河，和从德国巴伐利亚山林里潺潺汇集而至的伊尔茨河，一南一北，在老城东端投入多瑙河的怀抱，帕绍老城就坐落在多瑙河与因河之间隆起的一块河岬上，宛如一个巨大的船头，船头指向东方。

帕绍位于德国的东部边界，紧临奥地利，距捷克共和国亦不远。从空中可以清晰地看到，德国境内黑压压的森林与奥地利被白雪覆盖的平原相互辉映。帕绍城就坐落在三河汇流处的岬角处，让人惊奇的是，三条河都有自己独有的体魄和肤色——中间的多瑙河，着一袭黄绿，端庄飒爽；旁边的因河，呈一抹灰蓝，刚柔并蓄；另一边的伊尔茨河，像一条浅褐色飘带，仙姿绰约。汇合之后，三条河并做一处，接收了新生力量的多瑙河壮大了许多，河水逐渐混为一色，不分彼此，奔流至下游，直到融入大海。

人们是依水而居、逐水而行的，几条河把沿岸各地的人紧密地联系在一起。帕绍人自豪地宣称，帕绍位于欧洲的中心。人们常说，一座城市有了水才有灵气，才有精神。帕绍是有福气的，因为它有幸被三条河流养育和滋润。

帕绍人也充分享受河流给他们带来的惬意与便利，日常生活中，那两条支流——因河和伊尔茨河更受人们宠爱。伊尔茨河全长60千米，在河流中，它不算大河，可以说是一条比较长的山溪，但是伊尔茨河流过的山谷，鲜花芬芳，绿树成荫，是当地人热衷居住和散步的天堂；因河，是一条标准的冰川河流，其流量比多瑙河还要大，水也清澈得多，能清楚地看见河底一块块的鹅卵石，是垂钓、休闲的好地方。

相对来说，多瑙河在交通、航运、旅游等方面的作用更大，只要看看帕绍城边、多瑙河畔停泊的一艘艘豪华游轮，就可以了解人们对这条大河的爱慕。不过，多瑙河偶尔也会发发脾气，虽然大多数时间它是一条美丽、平静的河流，但历史上，它曾发过几次洪水，给帕绍城带来不小的灾难。今天，如果走在古城通往多瑙河边的路上，依然能发现建筑上刻有一些标记，上面还记录着年份，这就是在不同的时间多瑙河洪水泛滥的水位记录。

帕绍是一座拥有两千多年历史的欧洲最古老的城市之一。早在约公元前400年，凯尔特人便开始在这里居住。后来，古罗马军队把这里当成进攻日耳曼民族的据点，修筑了城寨，打下了后来建城的基础。

帕绍不但处于德国、奥地利、捷克三国交界的地方，它还刚好处于

帕绍的老城位于大河交汇的岬角上，犹如一艘巨舰。坐拥三江的这座小城，占尽位置优势。

帕绍老城有各个时代、多种风格的建筑，犹如一座欧洲建筑博物馆，让人流连忘返。

慕尼黑、布拉格和维也纳三大城市之间，所以它早早就成为欧洲中部的一个交通枢纽。中世纪，这里是大主教的驻地，繁荣一时。作为神圣罗马帝国在德国最大的主教管区，帕绍是主教前往奥地利和匈牙利布道的出发点，同时也是古代盐商重要的水路交通枢纽。

然而，发生在17世纪的一场大火，几乎让这座位于三江交汇处的小城变成一片废墟。而那时统治帕绍的正是掌握多瑙河流域最大教区的王子主教。巨大的宗教和政治势力使主教控制了多瑙河流域的贩盐权，来往运输盐和货物的船只给主教带来了滚滚不尽的财源。大火后重建宅邸，对腰缠万贯的主教而言并不是太大的问题，他重金从意大利聘请来著名的建筑设计师，对帕绍进行重建。当时，帕绍城里的建筑原本多是哥特式风格，意大利设计师则带来了浓郁的异国情调，

帕绍有很多意大利风格的建筑，再加上河流纵横，有时会让人有种恍然来到“水城”威尼斯的感觉。

修建了大量风格新颖的建筑。任何人走在帕绍城中，都会在威尼斯式拱门下的小巷里，在意大利巴洛克式的宫殿和红色屋顶的楼房间流连忘返。

这里的建筑因为混有意大利“血统”，再加上河流纵横，所以颇让人有种恍然来到“水城”威尼斯的感觉。帕绍历史久远，众多声名显赫的艺术家在这里留下数量可观的艺术遗产。古色古香的街区、弯弯曲曲的小巷、狭窄的石板路纵横交错，两旁石砌的房屋鳞次栉比，整座帕绍小城犹如一幅别致的风景画。帕绍的美丽风光吸引了来自世界各地的旅游者，也有不少欧洲民间艺术家来此寻找艺术创作的灵感，而帕绍当地则是以玻璃艺术闻名于欧洲。

帕绍是德国著名的玻璃艺术之乡，以玻璃手工业闻名欧洲，装饰

这家叫做怀德曼的酒店是世界上最大的波希米亚玻璃博物馆所在地。茜茜公主也非常喜爱帕绍，她曾几次在这里停留，这座酒店至今保留有她居住过的房间。

在巴黎圣母院、卢浮宫等法国著名建筑窗户上的玻璃，很多是在帕绍制作随后运过去的。现在帕绍有一家世界上最大的波希米亚玻璃博物馆，它的位置也很特殊，在一家叫怀德曼的（Wilder Mann）酒店内。

玻璃博物馆在一座老建筑中，内部装饰古朴，反衬出玻璃艺术品的华美。这座博物馆于1969年3月15日开业，距今已经有40多年历史，一共展出了3万多件玻璃制品。其中不乏来自欧洲宫廷的珍品，有些器皿还是国王、王后们曾经使用过的真品。

玻璃是我们平常生活中最常用的东西，但是这里却让人大开眼界，原来玻璃艺术竟能如此精美、迷人。展品中有很多是彩色玻璃器皿，按颜色和造型排布。比如一套全是浅绿色渐变的花瓶、托盘、杯子等物放在一起，立刻有种春意盎然的感觉。

博物馆的工作人员介绍，这些藏品的年代，从1650年巴洛克时期到20世纪50年代都有。这些都是手工精心打造的艺术精品，不同于现代工业批量生产的产品，手工制作的玻璃，每一件都是独一无二的。艺术家们把玻璃烧成熔化状态的液体，然后用一根长杆，蘸上玻璃液，用嘴吹出各种形状。器皿的形状完全取决于制造者的气息，它的颜色也都是手工调和、绘制上去的。

圣斯蒂芬大教堂融合了多元建筑风格，被冠上“拥有哥特式灵魂的巴洛克大教堂”的封号。

参观完精美的玻璃艺术，这座“玻璃花房”还有一处值得去看的地方——茜茜公主居住过的房间。“三江之城”帕绍，这座德国东南部美丽而幽雅的小城，曾经是19世纪拜恩州伊丽莎白公主茜茜最宠爱的小城，也是这位绝世奇女子躲避尘世烦扰的隐居地。怀德曼酒店依然保留着茜茜公主下榻过的房间的原貌。透过玻璃橱窗，可以看到公主精致的家居，以及她的已经开始发黄的手套和日记。

像众多的德国城市一样，教堂往往是一座城市的中心地标。位于帕绍城市中心的圣斯蒂芬大教堂，不仅是大家视觉的焦点，还是众人听觉的“中心”，因为它拥有世界上最大的教堂管风琴。

远远望去，圣斯蒂芬大教堂的三个绿色圆顶非常醒目，而近看时，

又会发现它融合了多种不同的建筑风格。大教堂原建于公元8世纪，在17世纪中叶遭受大火，后来由建筑大师卢拉葛负责修复。由于历史悠久，教堂建筑融合多元建筑风格，从公元720年早期的罗马式，经历哥特式美学的洗礼，以及巴洛克风格的修复工程，塑造出其独特的时代风貌，也被冠上“拥有哥特式灵魂的巴洛克大教堂”的封号。

教堂在内部极度奢华的巴洛克建筑风格、富丽堂皇的雕塑和精美绝伦的壁画的映衬下，一座世界上最大的教堂管风琴吸引着人们的目光。每天中午，教堂里都会聚集很多人，大家都是来此聆听管风琴的优美音色的。

欧洲的很多教堂都用管风琴来演奏宗教音乐，管风琴本身绝不仅仅是一件乐器而已，它往往是与教堂建筑相互结合的。从表面上看，管风琴的弹奏部分有点类似于钢琴——拥有黑白两色的琴键，但是钢琴只有一排键盘，而管风琴有5排键盘，从上到下，台阶一样排布。

钢琴的发声主要靠内部的小锤击打琴弦，而管风琴则是靠数目众多的音管。圣斯蒂芬大教堂的管风琴，由中殿的主风琴、小殿的福音

圣斯蒂芬大教堂有世界最大的教堂管风琴，这架管风琴一共有近2万支音管，其中最大的有11米长，重达306公斤，最小的只有6厘米长。

风琴和使徒书风琴、圣坛里的合唱团风琴以及中央屋顶的风琴5部分构成，一共有17974支主音管和233支音节管。

这些音管中最大的长11米，重306公斤；最小的长6厘米，它们散布在教堂主厅的各个位置，以保证人身处教堂内的各个方位都能听到绝佳的音色。这架管风琴能演奏出几百种音色，音域极宽，有时震耳欲聋，有时又尖又细，几乎听不到。

每天中午都有音乐家进行半个小时的管风琴演奏。虽然管风琴只是“一件”乐器，但呈现出的效果绝对可以比拟一整支乐队。演出时，高远圣洁的乐声在教堂的雕梁画栋间回荡，整个圣斯蒂芬大教堂变成了一个巨大的共鸣器。余音绕梁，久久不散，仿佛在讲述三江之城帕绍的无限魅力。

SALZBURG 萨尔茨堡：音符筑成的小镇

雪绒花，雪绒花，
每天清晨迎接我。
小而白，纯又美，
总很高兴遇见我。
雪似的花朵深情开放，
愿永远鲜艳芬芳
……

来到萨尔茨堡，沐浴着灿烂的阳光，万里晴空下的远山苍翠满目，在这样的景色中，轻轻哼唱《雪绒花》是再合适不过的了，因为这里就是电影《音乐之声》（Sound of Music）的故事发生的地方。你可能没听说过奥地利的萨尔茨堡，作为奥地利的第四大城市，它其实只有区区15万人而已，但是，这个城市注定要永远被写入史册——因为这里走出过莫扎特、卡拉扬这样的音乐大师。

高山映衬下的萨尔茨堡是电影《音乐之声》的拍摄地，也是电影原型故事的发生地。

城郊，绿茸茸的草地延伸向远方，烂漫的野花在微风中轻轻摇摆，城堡似的老房子矗立在美丽的田园之中，行走在乡间，随处可以找到电影《音乐之声》里的画面。美国电影《音乐之声》是根据自传体小说《特拉普家的歌手们》（The Story of the Trapp Family Singers）改编的，导演为这个真实的故事打动，特地跨越大西洋，来到故事原发生地拍摄取景。

“哆，是一只小母鹿；来，是金色的阳光……”《音乐之声》里的经典旋律朗朗上口，活泼开朗的家庭女教师与海军军官以及他的孩子们的故事充满温情。在现实世界里，这部电影人物原型的真实经历远比影片中描述的更丰富、更感人。

奥地利的萨尔茨堡是一座悠闲、安逸的宁静小城。在《音乐之声》这部电影中，玛丽亚与七个孩子欢快地沿着水边唱歌，笑着闹着经过这座小喷泉。

Design
Q
HANDEL

真实的特拉普上校出生于1880年，他的父亲是海军上校，由于战功显赫，被授予贵族头衔。特拉普曾在皇家海军学院学习，毕业后在奥地利海军服役，成为一名潜水艇指挥官。第一次世界大战期间，特拉普曾指挥潜艇击溃过法军、意大利军的潜水艇和舰艇，因为这些战功，他被国王约瑟夫一世提升为海军少校。

随着哈布斯堡家族统治的崩溃，奥匈帝国瓦解，奥地利统治区域版图缩小，失去了海岸线，海军也被撤销。那段时间应该是特拉普上校人生的低潮，更不幸的是，他的妻子在第一次世界大战结束后不久便去世了，撇下7个孩子，其中一个还身患重病。为了照顾和教育孩子，特拉普上校只得向女修道院求助，征集一位家庭教师。

玛丽亚是一位年轻活泼的女孩，她出生在维也纳郊区，曾在国立师范学院读书。大学期间，她被神父感召，改变宗教信仰，成为虔诚的教徒，立志成为修女，后来如愿地进入萨尔茨堡的一座修道院。修道院的管理者认为，帮助别人是修女必要的功课，所以他们把玛丽亚派到特拉普上校家，进行一年的服务。

一年的时间里，玛丽亚的善良和热情赢得了孩子们和特拉普上校的心，而玛丽亚也悄悄地爱上了这位正直、坚毅的上校。玛丽亚没有返回修道院，在孩子们的撮合下，两个有情人结为伴侣，组成了一个颇具规模的幸福大家庭。

与电影不同，这里没有“上校女朋友”的三角恋情桥段，真实的故事是，特拉普一家本来就热爱音乐，玛丽亚的加入更让他们其乐融融。1935年的萨尔茨堡音乐节上，这家人组成的合唱团一举获得了合唱比赛的大奖。那几年奥地利因为战败，经济萧条，特拉普一家的经济状况窘迫，于是以家庭合唱团的名义，在欧洲各地巡回演出，增加收入。

时光荏苒，没过多久，平静生活的美好愿望就被战争打破了。第二次世界大战的战火蔓延到奥地利，1938年，希特勒入侵奥地利，征召海军军官特拉普上校加入纳粹的阵营。因为特拉普上校曾是海军战斗英雄，纳粹甚至许下给他高位的承诺。但是上校不愿为纳粹服务，计划逃亡。

作为有卓越战功的军队指挥官，纳粹党人怎可能轻易放过他？他们派人密切监视特拉普一家。全家人以去参加一次音乐节为掩护，穿越阿尔卑斯山，辗转意大利、英国，最终到达美国，逃出纳粹的魔掌。

婚后，玛丽亚又为上校增添了3个孩子，全家依然以合唱团的形式

伴随着《雪绒花》的旋律，与冬日的萨尔茨堡小镇来一次亲密接触。

在美国各地演出，最终定居在佛蒙特州，在那里修建了家乡奥地利风格的房子。在美国，他们的音乐事业发扬光大，特别是在他们的故事被改编成音乐剧、电影之后，他们的名字更是被全世界知晓。

如今，萨尔茨堡当地旅行社推出各种“音乐之声电影之旅”的项目，无论是在城市还是乡村，都经常能听到游客们以各种语言哼唱

萨尔茨堡城中到处可见莫扎特的纪念品，这里是古典音乐迷的朝圣地。

《哆来咪》和《雪绒花》。

在萨尔茨堡出现《音乐之声》这样的故事绝对不是偶然，因为近几百年来，萨尔茨堡一直拥有浓厚的音乐传统。在萨尔茨堡繁华的商业街粮食大街上，有一座黄色外墙的小楼，这便是音乐奇才莫扎特诞生的地方，如今这里已经成为莫扎特博物馆，保留着大师的手稿和用过的物品，甚至还有一缕他的金发。

1756年初，莫扎特诞生在一个宫廷乐师家庭中。当时，奥地利处于神圣罗马帝国时期，帝国的疆域涵盖了奥地利、匈牙利、意大利北部等区域。莫扎特的父亲供职于萨尔茨堡城中大主教的宫廷乐团。父亲是一位小提琴手，也是一位作曲家，而母亲也热爱音乐，基因的作用与环境的影响造就出一位5岁就能作曲，6岁登台演出的音乐神童。

莫扎特16岁时也进入大主教的宫廷乐团，可叹的是，当时的大主教并不怎么尊重这位音乐奇才，而莫扎特天性又不受羁绊，颇有李白“安能摧眉折腰事权贵”的风范。期间经过几次反复巡游与回归，大师最终无法忍受主教的刻薄与无理，彻底脱离了主教的宫廷乐团。

这在那个时代是相当离经叛道的行为，因为乐师几乎都是靠达官贵人的供养生活的。莫扎特与主教决裂，等于是扔掉了自己的“饭碗”。莫扎特虽然才华横溢，写出了《费加罗的婚礼》《魔笛》等众多堪称经典的伟大作品，但是他本人的经历却颇为坎坷，成年后的大部分日子都在贫病交加中度过。未满36岁，这位音乐奇才就离开了人世。

如今在萨尔茨堡的街头巷尾，随处都能见到与莫扎特有关的印记，城市的主要路段也树立着莫扎特的雕像。萨尔茨堡还会以一种更隆重的方式纪念自己的“儿子”——在每年一届的萨尔茨堡国际音乐节上，莫扎特的作品都是保留曲目。

萨尔茨堡国际音乐节非比寻常，它已经有近百年历史，可以说是全世界水准最高、最负盛名的音乐节庆。由于萨尔茨堡音乐节本身历史悠久、名声不坠，能够被邀请入列绝对是音乐家的最高礼遇，所以，众多知名音乐家也乐于到这里表演。

萨尔茨堡音乐节创立于1920年。当时，奥匈帝国解体，人们觉得奥地利前途灰暗。奥地利诗人雨果・冯・霍夫曼斯塔尔为了让萨尔

萨尔茨堡夜色温柔

茨堡人能重新对生活充满梦想，在原有的国际音乐节的基础上，创立了全新的萨尔茨堡音乐节。从1956年起，著名音乐家卡拉扬亲自领导与指挥音乐节达30多年，使得萨尔斯堡音乐节名气扶摇直上，直至今日，仍是世界上最“精英”的音乐节。

现在，音乐节每年固定在7~9月举行，对于萨尔斯堡人来说，音乐早已不仅是愉悦身心的艺术，更是实实在在的一项重要文化事业和经济产业。每年音乐节总能吸引数百万人次前来观赏。

萨尔茨堡音乐节歌剧院的场景导演告诉我们，举办一次音乐节，开支大约为四千多万欧元。仅仅历时5周时间的音乐节居然会有这么庞大的开销，不得不让我们诧异。他对我们说，为了保持音乐节的高水准，他们每年邀请的都是世界一流的歌剧演唱家、指挥家、化妆师等，这一项就已经花费颇高；而且，为了让观众保持新鲜感，组织者每年夏季都会推出新的作品。比如《魔笛》一剧若演一年或两年，通常便会有两套不同的剧组和两组不同的演员、演唱者、指挥家及设计师。即使上演相同的剧目，也都会重新制作布景，尽量精益求精，绝不雷同。

就音乐节的主要表演场所——萨尔茨堡歌剧院来说，它每年仅在音乐节的时候对外开放5周及在特殊的节日开放，如复活节等。这让我们无法理解，因为既然音乐节的成本制作费用那么高，为什么这个剧院不能多开放些时间，用音乐节之外的歌剧、音乐会等表演来赚取门票呢？

场景导演解释说，歌剧院要保持高水准，因此只允许世界著名的艺术家在这里表演。我们是一个小城市，不能保证全年都邀请到那么多的一流艺术家，所以只在音乐节和复活节期间开放。

正是因为对演出质量近乎苛刻的要求，萨尔茨堡音乐节经历了80多年风雨的洗礼，仍然屹立在世界各大音乐节的顶峰。虽然音乐节的支出远大于演出门票所得，但音乐节给萨尔茨堡带来的巨大收益不仅仅在旅游业上体现出来——音乐节让世界知道了萨尔茨堡这个美丽的小城，更让当地人为拥有这样一个精英云集的音乐节感到无比的自豪和骄傲。

WATTENS

瓦腾斯：华丽的水晶帝国

阿尔卑斯山脉高峰白雪皑皑，山麓密林层层叠叠，蔚蓝的天空万里无云，空气清新得如同刚被雨水洗过。在这样让人心旷神怡的环境里，一个造型怪异的绿色巨人匍匐在一座山头上，两只巨眼在阳光的照射下闪烁着光彩，从它的嘴巴里奔涌而出的水流跌落到前面的湖中，发出了轰鸣的响声，仿佛巨人的咆哮。

这个巨人就是著名的施华洛世奇水晶博物馆。成千上万的游客被它吸引到奥地利的山区小镇瓦腾斯（Wattens），就是为了亲自领略这个由水晶谱写出来的奇幻世界。奥地利的好山好水滋养了施华洛世奇水晶，施华洛世奇也使奥地利拥有了“音乐之国”外的另一个雅号——“水晶之国”。实至名归，漫步奥地利那些金碧辉煌的大厅、宫殿、博物馆，水晶灯饰已成为其中不可或缺的部分。

瓦腾斯位于奥地利西部，地处偏僻的阿尔卑斯山麓，多瑙河的支流因河贯穿其中。这里常住人口不到一万，只从外表上看，这里不过是一个再普通不过的欧洲小镇，但是它却是世界最著名的水晶制品生产商——施华洛世奇公司的发源地和总部。

山坡上嵌着水晶大眼的阿尔卑斯喷泉巨人，正是施华洛世奇公司1995年为庆祝自己的百年华诞而建的“施华洛世奇水晶世界”。它是世界上最大、最著名的水晶博物馆，也是施华洛世奇公司总部的办公地点，这里展出有全球种类最全的各类水晶石、最华贵的水晶墙、最美丽的水晶艺术品。

提起施华洛世奇我们并不陌生，北京、上海等大城市的购物中心，总能见到它们的商店和产品。经过百余年的发展，施华洛世奇公司已成为世界上首屈一指的水晶产品制造商，每年为时装、首饰及水晶灯等工业领域提供大量优质的切割水晶石。

说起这个公司的产品，人们最先想到的是那些闪闪发光的精美饰品，比如在奥黛丽·赫本的《情归巴黎》、妮科尔·基德曼的《红磨坊》等影视作品中，水晶的华美衬托出女演员的美艳。施华洛世奇构建了一个庞大的水晶帝国，它们的产品已经延伸到每一个能被水晶装饰的角落——从顶级时尚品牌到普通人也能承受得起的小饰物，包罗万象，让人叹为观止。

除了贴近人们生活的时装、鞋帽、手表、首饰上的水晶装饰以外，还有供顾客户外运动，如打猎和观鸟时的望远镜。而纽约大都会剧院、巴黎凡尔赛宫，甚至中国的人民大会堂的水晶吊灯也都出自施华洛世奇的“STRASS”系列产品。

施华洛世奇的水晶博物馆里汇集了世界各地大师们的水晶艺术作品。进入巨人的“身体”，一间半明半暗的大厅中，四处闪耀着夺目的光彩：有巨大的十字形黑水晶、三维转换水晶、水晶马鞍、水晶环等，其中还有重达30万克拉，有着100个切面的世界最大的人工切割水晶——世纪水晶，而与之相对的是一枚精雕细琢的直径仅8毫米、有17个切面的世界最小的人工切割水晶。这一切都宣告着，你已经进入了神奇而璀璨的水晶世界。

沿着水晶墙便可进入水晶世界内部。第一个展馆叫“水晶行星”（Planet of Crystals），这里光线更暗，只见黑漆漆的天幕中布满璀璨夺目的水晶。水晶和星星本来就似乎有某种内在的联系，用水晶装饰成的星空，更加亦真亦幻，再加上三维投影和建筑构件的精巧结合，让人感觉步入了璀璨星河。

当观众还在体味“水晶星尘的宇宙”时，下一个展厅“水晶大教堂”（Crystal Dome）又让人置身于童话般的迷幻空间中。这是一个巨大的银色球，内部装饰有各式光怪陆离的玻璃和水晶艺术品，令人目不暇接。

下一站是“水晶万花筒”。万花筒并不新奇，是童年常见的玩具，但是谁又走进过万花筒的内部呢？这个展厅四周是用一大块一大块的三角形水晶镶嵌、拼接而成，仿佛进入了一个巨大的万花筒内部。背景音响合着千奇百怪的颜色，产生一种难以置信的奇妙效果。

再后面是展有栩栩如生的水晶雕像的水晶剧院、由蓝色和绿色光

施华洛世奇公司的水晶博物馆，外表看是一个绿色巨人，巨人的眼睛，是一对闪闪发光的水晶。

水晶博物馆里展示的水晶制品，创意新奇、美轮美奂。

线构成的水晶书法、装饰有水晶图案的水晶走廊、埃诺的冥想室、巨人的宝物展厅（展示幻想中的巨人使用的手风琴、戒指、手杖等）、飘动的诗词（一首无头无尾的诗歌被持续不断地投射到空气中）、水晶森林、世界网络展厅、虚拟世界等，每一个地方，都让人流连忘返。

与其说施华洛世奇水晶使瓦腾斯由一个默默无闻的小镇，成为奥地利最著名的工业区之一，不如说是瓦腾斯小镇成就了施华洛世奇，可以说，瓦腾斯小镇是施华洛世奇家族水晶帝国的发祥地。1895年，家族的传奇人物丹尼尔·施华洛世奇，带着自己钻研出的水晶切割机，告别家乡波希米亚（今捷克共和国的中西部地区）来到瓦腾斯，创办了全新的施华洛世奇公司。

丹尼尔·施华洛世奇诞生于1862年，他家世代为水晶加工工匠，拥有一间切割、打磨水晶的小作坊。1883年，21岁的丹尼尔经过夜以继日的埋头实践，发明了一台自动水晶切割机，水晶制品能非常巧妙地被打磨成数十个切面，对光线有极好的折射能力，使整个水晶看起来耀眼夺目。为保证自己发明的技术和机器不被同行窃取，有着超越

徜徉于变幻万千的水晶世界，人们仿佛置身于另一个星球，无不为它的美妙所惊叹。

时代的版权保护意识的丹尼尔一方面申请了专利，另一方面不惜背井离乡来到奥地利的瓦腾斯。

瓦腾斯地处阿尔卑斯山腹地，流经的因河带来了丰富的水力资源，可以为新型的水晶切割机提供动力。而且相对于他原来生活过的波希米亚，瓦腾斯离最大的水晶消费地——时尚之都巴黎更近，可以帮助施华洛世奇的水晶产品打开市场。同时，这里优美的风光更激发了丹尼尔源源不绝的创新灵感。

丹尼尔出色的科研能力和经营才能，使施华洛世奇水晶很快风靡时尚界。到1976年，施华洛世奇公司的发展迈上一个新的台阶。当年的冬季奥运会由奥地利的因斯布鲁克举办，距离瓦腾斯小镇不远。施华洛世奇公司的一位水晶制品设计师突发奇想，用制造水晶灯具剩下的一些零碎材料拼接出一只水晶老鼠。

之前，公司的产品主要是水晶首饰和灯饰，这只小老鼠成为他们推向市场的第一款水晶成品。没想到，这只老鼠在冬奥会上非常畅销。从此，施华洛世奇开辟了一条新的产品思路，推出了一系列以动物为主题的水晶摆件。

一百多年过去了，施华洛世奇的水晶产品已无处不在，而施华洛世奇水晶在全世界仅有的两间工厂，仍然只设在瓦腾斯小镇。现在，瓦腾斯与施华洛世奇这个名字已经紧密相连、密不可分，因为全镇近一半的人都在该公司工作，而剩下的人中绝大多数从事与旅游相关的服务行业，而到这里旅游的人，无疑都是冲着那个“巨人水晶宫”而来的。

施华洛世奇的第五代传人马可斯曾经到中国访问，有人问他“是否会像世界许多大公司一样利用中国的劳动力优势在中国建厂？”马可斯回答：“一百多年来，瓦腾斯的水土成就了施华洛世奇这个品牌，我们只会在瓦腾斯的土地上续写这个神话。”这样做，除了因为对瓦腾斯深厚的感情，更是想保护水晶制作工艺的秘密。施华洛世奇的魅力源自其材料的品质和所采用的制造方法。至于独特制法的详细情况则不会向外人透露。施华洛世奇水晶之所以闻名于世，完全是由于他们独特的切割技术以及刻面的编排和数目，每颗施华洛世奇水晶石的切割均干脆利落，切割面平滑而无丝毫细纹。

为此，施华洛世奇公司一直保持着家族经营方式，以把他们独特的水晶制作切割工艺代代相传。几代人的精心呵护，使施华洛世奇至

施华洛世奇水晶世界里的水晶马鞍

今仍然独揽多个与水晶切割相关的专利。瓦腾斯小镇里那两座施华洛世奇工厂到底是什么样子的？这是严格保护的商业机密，到这里来参观的游客们是没有机会得见的。

1956年，丹尼尔·施华洛世奇过世，享年94岁，他留下的是一个极其庞大的家族和一个长盛不衰的家族企业。家族成员们除了恪守传承下来的水晶制作秘密之外，还会为跟进时代不断做出调整和完善。目前，公司的高级管理工作依然由几十位施华洛世奇家族的成员担任。

十几年前，施华洛世奇选用了天鹅作为公司的标记，因为在希腊、罗马、印度和德国的神话故事里，天鹅象征着纯洁、力量和神圣不可侵犯。但要让这家年营业额达20亿美元的家族企业真正如天鹅般在天空中自由自在地翱翔，第五代家族成员必须在保证品牌的延续和发展与坚持大胆创新之间获得更好的平衡。

2009年春天，在瑞士巴塞尔世界钟表及珠宝展览会上，施华洛世奇公司首次推出了7大系列的手表，正式进军钟表行业。随着生产规模的扩大，小小的瓦腾斯实在是容纳不下日益庞大的施华洛世奇的所有业务了，施华洛世奇家族不得不在现实面前做出一些妥协，开始授权其他国家或地区的厂家利用施华洛世奇水晶制作商品。现在，中国国内也有数家获得授权使用施华洛世奇水晶来制造吊灯的厂家。

在全世界人们心里，施华洛世奇水晶已经不仅仅是一种商品，更是一种精致文化的象征。而赋予施华洛世奇璀璨光芒的小镇瓦腾斯却一如既往地平静、温和，清澈的因河不停歇地从小镇中缓缓地流过。

HALLSTATT

哈尔施塔特：河岸边的木头镇

从萨尔茨堡乘坐火车，漫游在阿尔卑斯翠绿的山峦之间，一路上景色让人心旷神怡。下了火车，改乘小船，宁静的哈尔施塔特湖倒映着蓝天，湖面变成一片蔚蓝，船头劈开的浪花给本来静谧的湖光山色增添了一丝活泼的韵味。

航线沿着山麓略略弯转，一座浅色的哥特式的教堂尖塔出现在湖岸边，塔四周是米白、浅黄色的欧式小楼。这里就是奥地利的哈尔施塔特镇（Hallstatt）了，被誉为“欧洲最美小镇”的地方。它依山傍水，鲜花、绿树掩映在街巷之间，色彩斑斓的屋舍紧挨着陡峭的高山斜坡。哈尔施塔特湖清澈透底，与山上错落有致的屋舍相映成趣，不论从什么角度看都自成一景，美不胜收。加之悠久的历史和独特的风俗，这里被联合国评为世界文化遗产。

哈尔施塔特镇是一个不足千户人家的小镇，地处阿尔卑斯山脉东部的萨尔茨卡默古特（Salzkammergut）地区，沿着萨尔茨堡山脚与哈尔施塔特湖之间的狭长湖岸延伸开来。由于这里几乎没有什么平地，前面是湖，后面是山，使得交通非常不便，道路是近几十年才修通的。不过也正是因为交通不便，这里远离繁华喧闹的大都市，保持了一份世外桃源的宁静与美好。

哈尔施塔特这个名字音节比较多，当地人经常把自己的家乡亲切地称为“木头镇”。走在哈尔施塔特的街头我们发现，小镇上随处可见用木头建造的房屋，有些人家连墙壁、窗户、阳台等都是用木头搭造的。一些临湖居住的人还在临岸的水中建有木船屋，专门停靠自家作为交通工具的小木船或游艇。

原来，在哈尔施塔特，人们对木头工艺的痴迷已有数千年的历史。起初，是盐矿工人为了防止盐气的渗漏，保持常年干燥，而使用木头建造房屋。但日子一久，小镇的居民们竟爱上了木头，不仅用木

镇上的居民喜欢木头，镇上随处可见木头房屋，所以他们也把自己的小镇昵称为“木头镇”。因为这里拥有悠久的历史和独特的风俗，被联合国评为世界文化遗产。

头来建造房屋，还开始热衷木头工艺。直到今天，木头镇的居民们还经常举行庆典来纪念小镇木头工艺的历史。

最隆重的庆典在六月举行。届时，木头镇的居民身着传统服饰，在小镇的广场中央跳起传统的舞蹈。舞蹈的最后，表演者扛起斧头，一同砍伐木材。这个场面充分体现了木头镇居民对历史久远的木头工艺的热爱。表演者对腿部力量的强调以及拍打，展现了对男性阳刚之美的崇拜。

小镇上被鲜花装饰的木头房屋

哈尔施塔特具有悠久的历史，虽然以现在的眼光看，这里地理位置偏远，但早在史前时代，就有人类居住在这个美丽的山谷中。这里出土过制作于公元前800年到公元前400年之间的铁器，其中一些相当精致，具有很高的技术水平。后来人们在镇子附近发现了一处巨大的墓地遗址，共有2000多个墓葬，发掘出大量青铜剑、铁长剑和铁短剑。历史学家推断，这些东西可追溯至公元前10到公元前5世纪，是欧洲最早的铁器时代的代表。直到今天，这里的考古工作依然在继续。

在古代遗址工作的只是少数考古学家，而普通游客一样可以充分满足自己寻古探幽的好奇心，因为木头镇有足够丰富的历史遗迹可供游人参观。

说起这里最著名的古迹，要先从名字说起。萨尔茨卡默古特的写法是“Salzkammergut”，其中开头的“Salz”是“盐”的意思，而后面的“Kammergut”，是“皇家领地”之意。从这个名字就可以看出，这一地区与盐有着无法分割的联系。

自从有人类活动之后，盐就像是白色的黄金，代表着活力和富贵。哈尔施塔特开采盐矿已经有上千年的历史，盐也始终是当地主教和贵族的首要经济来源。由于盐矿业的繁荣，“木头镇”哈尔施塔特被授予了“古代盐都”头衔。

古代盐矿如今已经被开辟为旅游景点，人们可以亲自下井体会一下盐矿工人的辛劳。游客到了盐坑的入口，会被编入一支矿工队，换上导游发的作业服，然后随导游出发。盐矿的入口是在山体上开凿出来的石拱门，进去之后，立刻感觉到温度比外面低了不少。入口里面，有一条坑道斜插着进入山体深处，想要见到真正的盐，就要沿着坑道深入大山之中才成。

在远古时期，哈尔施塔特曾是一片海洋，后来由于地壳运动，山峦隆起，切断了这片海水与外洋之间的联系，形成了一个咸水湖。之后逐年累月，水汽蒸发，水中的盐分沉淀为石盐，埋藏在山中。

进入山体盐矿的过程中，最有意思的就是那些“木质滑梯”。在矿井中落差比较大的地方，用木头修建了类似“滑梯”的装置，工人们可以沿着它滑行下去，既加快速度，又节省体力。

游客们在木头滑梯上玩得十分开心，但是真正的采矿工人的工作是非常辛苦的。当年，盐矿工人每天下到阴冷潮湿、终日不见阳光的盐矿底部，敲打下一块块盐矿石，再将重重的矿石背出矿井。好在辛苦的工作能得到相当的回报，哈尔施塔特镇的经济发展与盐矿直接相关。

这座盐矿里还有过惊人的考古发现。矿工们在井下工作时，曾经找到一具保存完好的尸体。塌方事故在矿坑中并非罕见，人们以为这个人只是一个普通的矿工，就把他抬到镇上，在教堂边掩埋。但是后来经过考古学家的考证，这位因岩石坍塌而不幸遇难的采盐人，居然是死于4000多年前！原来早在史前，人们就已经在这里采集盐矿了。

除了古老的盐矿，小镇上还有一处更加惊人的去处——遗骨馆，那里收藏着1200多个人类头盖骨，这些头骨的主人都是镇上的居民。小镇半山腰有一座哥特式天主教堂，镇子的墓地就在教堂边的空地上。哈尔施塔特不愧自称“木头镇”，墓地的墓碑居然也有很多都是用木头雕刻、搭建的。而且这些木头墓碑各具特色，有屋顶式、十字架式等多种样式，上面刻有天使、圣母等各种图案，其中不乏艺术精品。

著名的遗骨馆就在教堂后面的一间小屋中。据说，由于地理位置原因，平地在哈尔施塔特小镇十分稀缺，连寻觅一块安置逝者的墓地都有难度。当地居民想出一个办法——死后先把遗体在土内埋葬一二十年，之后再挖掘出来。此时遗体的皮肤肌肉等软组织基本已经腐烂分解掉了，再把骨骸在阳光下暴晒，直到只剩下白骨。最后，把头颅和长骨放入教堂后的这间屋子里，空出的墓穴，可以留给后人用。如此经年，教堂后面的这间小屋积累了无数骸骨，所以当地人将这间屋子称做遗骨馆。

本以为遗骨馆会是一个会让人毛骨悚然的地方，但是进去之后，却发现并非如此。屋子中间放置着耶稣像，四周沿墙放置的几排木头架子下，是规律地堆叠在一起的人体长骨，而在木头架子上面，一个个灰白色的人头盖骨整齐地码放着。最惹眼的是，每个头盖骨上都绘制着彩色的花纹。这些花纹有十字架、玫瑰花、常春藤等，都具有一定的宗教意义，是对死者升入天堂的祝福和期盼。有些头盖骨上还标有家族的徽章、人名和去世的时间。一个家族中的数代亲属能在这里再次团聚到一起。

童话般的哈尔施塔特，被鲜花绿植点缀的木屋，在这里，阳光都不吝惜它最温柔的爱。

ARABIA

奥地利的哈尔施塔特镇被誉为“欧洲最美的小镇”，它依山傍水，鲜花、绿树掩映在街巷之间，不论从什么角度看，都自成一景，美不胜收。

小镇教堂后面有一间“遗骨馆”，收藏着许多人骨。这些骨头都来自本镇的去世居民，有些头骨上还刻有家族的徽章和祝福的话。

据说，这些骨头的主人都是在生前立下遗嘱，要求把自己的骨头放在这里的。而现在由于火葬普及，遗骨馆已经成为历史，不会再增添新的收藏了。

木头镇山上还有一处自然奇观——阿尔卑斯的万年冰洞。冰洞就在木头镇外不远的山中，这是一个石灰岩溶洞洞穴，造型各异的浅色的钟乳石把洞窟装饰得精美如艺术画廊。但是最令人惊奇的是，洞的墙壁、地面上有常年不化的冰。有些空气能够流通的地方，冰略微融掉，在洞高处结成冰挂，像锥子一样垂下来。

关于冰洞是如何形成的，地理学家们至今没有统一的意见。地表接受阳光照射时，温度比较高，越向内，温度越会降低——这也是盐矿中阴冷的原因。当地表以下深到一定程度，温度反而又会提高，因为再向下就是融化状态的岩浆了。

这个冰洞，第一不在气候寒冷的高纬度地带，第二不处于高海拔地区，即使在炎炎盛夏，洞中依旧结着厚厚的冰层。从地球的自然结构来说，无论怎样都解释不通为什么这里会有这样一个温度低到0℃以下、四季都结着冰的洞穴。这个谜团，还有待科学家们去研究。

W I E N
维也纳：大河女神

在国内时，我们在街头随机调查，让大家说出一条欧洲重要的河流，结果回答出“多瑙河”的几率最高。多瑙河流经十个国家，是欧洲东南部的一条重要河流，但是真正让它的名字传扬四海的原因，还是与一曲《蓝色多瑙河》有关。

这是一首堪称经典的圆舞曲，那流动的旋律让人仿佛真的置身于一条美如画卷的大河边，能看到起伏连绵的波浪卷着欢快的小旋涡奔涌向前。也正是这首乐曲，让人们对多瑙河充满憧憬，让人们从内心认为，这条河一定是美丽而浪漫的。

在《蓝色多瑙河》的诞生地——奥地利的首都维也纳，我们漫步在城中，中世纪的宏伟大教堂与近现代的摩天大厦交相辉映，繁华时尚的商业街与宁静悠闲的老巷子相得益彰。多瑙河流经那么多的城镇，唯有维也纳以它非凡的魅力赢得了“多瑙河女神”的美名。

维也纳有宏伟的大皇宫，有气派的“联合国城”，但是在电视中曝光率最高的，还是著名的“金色大厅”——每年1月1日，维也纳金色大厅都会举办盛大的新年音乐会，用优美的音乐迎接新的一年。现在，40多个国家都会通过卫星转播演出实况，全球有十几亿人在同一时间欣赏音乐家们的出色表演。

金色大厅所在的大楼建于1870年，是当时的建筑大师汉森设计的，它是一幢3层楼的宫殿式建筑，里面包括举办音乐会的主厅，即我们通常所说的金色大厅，还有几个小型的音乐厅以及办公室。这里的夜景比白天更好看，白天只能看到灰、粉两色的外墙，而当夜幕降临，建筑外的射灯把整幢大楼装扮得流光溢彩，犹如神殿一般。

金色大厅是全世界古典音乐爱好者的圣殿，走进它的大门，略显狭长的大厅金碧辉煌，中间是普通观众席，两侧是豪华的包厢，屋顶巨型的水晶灯闪闪发光，音乐女神的雕像俯视着到此“朝圣”的人

金色大厅所在的大楼建于1870年，是当时的建筑大师汉森设计的，它是一幢3层楼的宫殿式建筑，里面包括举办音乐会的主厅，即我们通常所说的"金色大厅"，还有几个小型的音乐厅以及办公室。

群。整个大厅里华丽异常。这座大厅专门为举办音乐会而建，据说木质的地板、墙壁能起到共鸣作用，屋顶镶嵌的装饰物也有让声波舒缓的功能。

一位在此演出过的音乐家说，金色大厅内部的设计臻于极致，能让每种乐器的音色得到最完美的发挥，在这里，不论是演出还是欣赏都是一种享受。在古典音乐界，维也纳的金色大厅是最崇高的舞台，音乐家们都以能在此演出为荣。

这里每年举办新年音乐会，每年演奏的曲目，主要都是施特劳斯家族创作的。当然，小约翰·施特劳斯的名作《蓝色多瑙河》圆舞曲永远都不会缺席，是每年必上的节目。作为世界最著名的"新年音乐

每年1月1日，维也纳的金色大厅都会举办盛大的新年音乐会，用优美的音乐迎接新的一年。

会”，新年第一天演出一票难求，需要提前一年订票。由于订票的人数太多，近几年不得不实行报名、抽签制度。

维也纳的新年音乐有很多独特的“习俗”。新年音乐会都是由维也纳爱乐乐团演出的，这是一支历史悠久的乐队，也是世界最棒的乐队之一。过去，担任指挥的都是奥地利本土的音乐家，后来逐渐有外国指挥家加入。近30年中，乐队成员定下一个规矩，由大家投票来选择邀请哪位指挥家来指挥。

通常在音乐会上，为避免打扰演出，观众在演出中间是不能鼓掌的，但是维也纳的新年音乐会有一个“指挥观众鼓掌”的保留节目。有一年是著名音乐家卡拉扬指挥，当乐队奏响欢快的《拉德茨基进行曲》时，有观众忍不住跟着音乐拍起手来，卡拉扬不但不恼火，反而转身指挥观众拍手的节奏。后来很多指挥家也学习这一做法，让观众与乐队互动起来，让新年的喜气更加热烈一些。

除了以上这些，指挥家还要在音乐会上进行新年致辞。致辞并不是说一些常用套话，而是用各国语言发出新年祝贺，有的指挥家还用中文说过“新年好”和“新年快乐”。

如今，很多地方都开始在新年前后举办音乐会来庆祝，而维也纳的新年音乐会又是从什么时候开始的呢？据说在1847年的最后一天，老约翰·施特劳斯率领他的乐队在维也纳郊外举办了露天音乐会，他们演奏了很多当时奥地利音乐家的知名作品。当他们开始演奏欢快的舞曲，现场观众随之起舞，热烈的情绪感染了每一个人。这次音乐会一直持续到1848年的到来。

真正在金色大厅举办的首届新年音乐会，是在1939年的最后一天举行的。大约从50年前开始，小约翰·施特劳斯《蓝色多瑙河》圆舞曲和老约翰·施特劳斯的《拉德茨基进行曲》成为必演曲目，这让施特劳斯家族音乐家的名字与金色大厅的新年音乐会密不可分。

在金色大厅的建筑内，有一幅老约翰·施特劳斯年轻时的画像。他是一个相当帅气的男子，脸颊略为消瘦，目光有神，嘴角似笑非笑，显得十分有活力。1804年，他诞生于维也纳的一个音乐世家中。受父亲影响，他从小就开始学习小提琴，先后跟随数位维也纳著名的音乐家，擅长提琴，也做过指挥。后来他自己组建乐队，并创作了数百首圆舞曲、波尔卡（波希米亚，即今捷克一带的民间舞曲）和进行曲。

坐落在奥地利维也纳市中心城市公园的约翰・施特劳斯镀金铜像雕刻精美，是维也纳最有名的以及被拍摄最多的纪念物之一。

老约翰・施特劳斯最著名的作品就是《拉德茨基进行曲》。这首乐曲是为奥地利的将军拉德茨基所作，这位大将军战功显赫，取得过不少胜利，而这首进行曲节奏明快活泼，让人联想到骑兵轻快的步伐以及胜利后战士们凯旋归来、受到隆重欢迎的场面。正是因为乐曲营造的欢乐气氛，所以近几十年来，几乎都是以《拉德茨基进行曲》作为维也纳新年音乐会闭幕曲的音乐。

施特劳斯家族最著名的音乐家是老约翰・施特劳斯与他的三个儿子，而在四人当中，名气最大的，还是《蓝色多瑙河》的作者、老约翰的长子小约翰・施特劳斯。老约翰被称为“圆舞曲之父”，开创了这类曲风的新格局，而儿子小约翰则有“圆舞曲之王”的称号，把圆舞曲发展到极致。

从画像上看，小约翰继承了父亲的瘦长脸、浓密的卷发，但浓密的络腮胡须让他看起来反而更加老成。小约翰·施特劳斯在很小的时候就对音乐十分有兴趣，并展露出惊人的才华，而他的父亲却并不支持他子承父业，希望他从事其他行业。

小约翰在母亲和一些朋友的帮助下，终于还是走上音乐道路，而父亲却一直加以阻挠，甚至动用自己的关系不让儿子公演。施特劳斯家父子之间的不和睦一度成为维也纳街头的谈资，被新闻媒体大肆报道。

据说，老约翰·施特劳斯对儿子的不友好态度，源于他对儿子才华的忌妒，这是原因之一，但其中还有其他多方面的因素。他们生活的年代是各国政治格局巨变的时期。老约翰·施特劳斯支持奥地利传统皇族，而小约翰·施特劳斯则更加倾向于革命者。

就像一部《家·春·秋》的奥地利版本，施特劳斯家内部的斗争，也是奥地利时局变化的缩影。但毕竟是亲生父子，血脉相连，儿子后来在自己的音乐会上演奏父亲的作品以示敬意，据说父亲也暗中为儿子的音乐成就感到自豪。

只凭一曲《蓝色多瑙河》，就可以让小约翰·施特劳斯名垂青史。这首乐曲的名字取自一首爱情诗里的句子，真正的多瑙河的水从来都不是蓝色的。有意思的是，这首乐曲第一次公演时，反响却很平常。后来，小约翰在法国巴黎的博览会上再次上演这一曲目，却取得了空前的热烈反响。

同是奥地利著名音乐家，相比贫病交加的莫扎特和仅40多岁就被病魔夺去生命的父亲来说，小约翰·施特劳斯的一生虽然坎坷，但是还算幸运。经历了早年丧妻、续弦的妻子离心离德的痛苦后，他在58岁时遇到了心仪的年轻寡妇，重组家庭，再次焕发活力，创作出很多优秀的作品。小约翰一生逸闻趣事很多，在他名声最盛时，乐迷们争相收集他的各种纪念物，据说他的仆人曾用狗毛冒充小约翰的头发，送给人们收藏。

如同很多欧洲城市一样，维也纳城中，无论是街角还是广场中央，都树立有金属或岩石的塑像，这里有神话中的女神、历史中的英雄、奥地利著名的音乐家等，其中有一座是所有游人都会驻足观赏的，那就是奥地利女王玛丽亚·特蕾西娅的雕像。

玛丽亚·特蕾西娅的雕像高高在上，女王坐在宝座之上，一只手环抱象征权利的手杖，伸出另一条手臂做出母仪天下、惠及四方的姿态。雕像下一层，四角各有一位骑着高头大马的武士，像是在守卫女王，又像正在待命，随时准备出征。

玛丽亚·特蕾西娅的名字没有其后代迎娶的皇后茜茜公主那么广为流传，她甚至并非真正的奥地利女王，但是她确实是奥地利历史上最重要的人物之一。她拥有匈牙利、波希米亚两国女王的皇冠和奥地利女大公的身份，同时也是神圣罗马帝国皇帝的妻子，她的血脉几乎遍及欧洲各国皇室。她的一生跌宕起伏，而这样一位不平凡的女人却能在各国列强权利倾轧、资源争夺的血腥斗争中拯救了自己国家，让庞大的国家称霸一方。

这位女王是哈布斯堡家族的一位成员。哈布斯堡家族统治奥地利长达600多年，是欧洲历史上延续时间最久、统治疆域最广阔、也是支系最为复杂的皇族。这个家族的最主要的一支，就是以奥地利的维也纳为统治中心的。

玛丽亚·特蕾西娅生活在16世纪，她的父亲是神圣罗马帝国皇帝，奥地利、匈牙利和波希米亚三国国王。这里要解释一下，欧洲古代的封建制度与我国秦汉之后的中央集权的统一国家不同，它们更类似于中国古代的春秋时期，各地地方有自己的政权，有征集税收、组建军队的权利。有些地方独立称国，有些则不然，所以并不是每个地方的实际统治者都是国王，很多领地被王公贵族们统治着。

神圣罗马帝国的全称是“德意志民族神圣罗马帝国”，它存在于公元962~1806年，疆界范围在各个时期并不相同，主要在西欧和中欧地区。神圣罗马帝国早期是一个由皇帝统治的大帝国，但是在中世纪时，演变成为一个并不太紧密的联盟，包含着数个国家以及贵族领地和自由城市，皇帝并不是由一个家族担任，而是由各个成员联合推举而出。名义上，这些成员国都承认罗马的天主教教皇的权威。

玛丽亚的父亲查理六世虽然是神圣罗马帝国的皇帝，但是他实际掌控的领地还是他们家族世代盘踞的奥地利、匈牙利以及波希米亚地区。查理六世没有儿子，为了避免族裔争夺王位的斗

争，他特地修改法律，让女性也可继承王位，他去世后，长女玛丽亚·特蕾西娅接过权杖，成为奥地利女大公、匈牙利以及波希米亚女王。

不要以为诞生在帝王之家顺利取得王位之后，面前就是鲜花和光明，实际上，当时年仅20出头、已经结婚生子的女王在笔记中写道，“我发现自己没有钱、没有声望、没有军队、没有经验……”这道出了她当时面对的艰难境地。她的国家虽大，但却是由多个不同民族组成的，在不同的语言和文化背景下，摩擦时有发生。而在外部，则充满野心勃勃的邻居，窥视着她富饶的土地。

在玛丽亚继位的当年，同样继位不久的普鲁士国王腓特烈入侵帝国的西里西亚省。这位年轻气盛的新国王急于扩大自己的版图。这位普鲁士国王腓特烈，一度差点成为玛丽亚·特蕾西娅的丈夫。欧洲王族的婚姻，十有八九是政治结盟的一种手段。玛丽亚的父亲查理六世曾经想把她嫁给当时还是王储的腓特烈。但是玛丽亚爱上了自己温文尔雅的表兄洛林公爵弗朗茨·斯蒂芬，宽厚的父亲同意了女儿的请求。

普鲁士的军队占领了西里西亚省，其他国家也伺机而动，以各种理由纷纷加入瓜分古老帝国的行列，法国、西班牙、巴伐利亚先后向玛丽亚开战，女王陷入了前所未有的危机之中。年轻的玛丽亚·特蕾西娅表现出惊人的勇敢和坚强，她怀抱刚出生不久的婴儿，忙于联络所有可以对她有帮助的力量。最后，匈牙利和英国给了她帮助，匈牙利议会借给她军队，英国则给予经济援助。

在持续数年的战争中，双方互有胜负，玛丽亚显示出非凡的韬略与智慧，抵抗住了众多敌人的进攻，虽然暂时失去了西里西亚，但终于把其他入侵者赶出了国家，并且成功地让自己的丈夫成为新一任神圣罗马帝国的皇帝。

玛丽亚是一个精力超群的人，她忙于处理国事，据说每天都要工作很长时间。但是与“女强人”的印象不同，她还是一位“英雄母亲”，一生共生育了16名子女。这16名子女与各国的王室、贵族广为联姻，在欧洲编织了一张哈布斯堡家族的关系网。女孩中最小的玛丽·安托瓦内特嫁给了法国国王路易十六，她在法国大革命期间被处死，罪名之一是叛国，据说她把法国的情报送给了当时已经成为奥地

奥地利维也纳女王广场上的玛丽亚·特蕾西娅女王雕像，这位女王有“欧洲之母”的称号。

利国王的哥哥。

玛丽亚女王生活在欧洲最动荡不安的时期，传统的宗教机构和世袭贵族们生活奢侈无度，对广大百姓横征暴敛，新崛起的势力蠢蠢欲动，潜伏的危机和矛盾一触即发。玛丽亚女王实行了比较开明的政策，得到了民众的广泛支持，就连她的对手也不得不表示钦佩。在她执政期间，古老的哈布斯堡家族最后辉煌了一回，维也纳现在依然保存有那一时期的很多痕迹，奥地利人至今依然深深爱戴这位伟大的女王。

坐落于维也纳城中心的霍夫堡，是哈布斯堡家族历代居住、办公的皇宫。这里保留着大量女王以及其家族成员的物品，我们能看到女王不同时期的画像：一幅是她15岁的肖像，彼时的她是一个俏丽的少女，小小的瓜子脸上，一双大眼睛灵动。一年后她自己做主，选择了丈夫。一幅是她执政时期的画像，略为丰腴的中年妇人身着华丽的服装，依然是大大的眼睛，但是眉宇间多了一份威严。最感人的还是她晚年的画像，那是一幅带场景的作品，她身穿黑色的长裙，正与大臣们讨论国事。自从她的丈夫辞世之后，女王在余生的十几年中，始终只穿黑色衣裙，以示对亡夫的追忆。

女王被安葬在霍夫堡宫内的皇家墓地中，不过她的心脏却没有与身体在一起，而是在皇家专用的教堂中。这也是哈布斯堡的一个奇特风俗，他们家族的成员死后要把心脏装进一个特制的罐子中，单独储存在奥古斯丁教堂中。

霍夫堡皇宫有2000多间房间，数个广场、两座花园。这一个庞大的建筑群，除了王室成员的寝宫，还有图书馆、教堂等建筑，是欧洲规模最大的皇宫之一。哈布斯堡皇族在这里生活了600多年，期间不断重修、扩建，所以保留了各个时期的流行的建筑风格。现在皇宫的大部分地区都可以供游人参观，但有一些依然不对外开放，因为如今的奥地利总统府也在这里，占据了皇宫的一角。

到霍夫堡参观，皇家餐具室和珍宝馆是最吸引游客的地方，这两处收藏的物品，最大程度体现了皇家的奢华生活。在古代欧洲宫廷，展示精美、贵重的餐具曾是宴会重要的内容之一，其重要程度甚至超过食物本身。皇家餐具室里收藏着成套的精美水晶、金、银餐具，它们在灯光下闪闪发光，耀眼夺目。这里甚至还能找到中国的瓷器，是当时从遥远的中国进口的。除了器皿刀叉，餐厅用的纺织品也值得一看，最大的一块桌布长20米，是用上乘的亚麻织成的。

珍宝馆并不是现代才有的，早在1712年，哈布斯堡家族的一位国王就建成了这座藏宝楼，收藏家族的珍宝。现在，这里展示着历代哈布斯堡王朝王族用过的重要物品，包括皇冠、权杖、礼服、首饰等。

与北京的紫禁城类似，霍夫堡皇宫也有内外之分，前面的部分供宴会、办公等用途，而后面则是皇室家族日常生活起居的场所。人们总是乐意参观那几处著名的地点，拿破仑的妻子——哈布斯堡家族的玛丽亚公主的房间，据说当年公主用了大量的金银进行装饰。拿破仑在南征北战之时，曾两度住进这座皇宫。有意思的是，当时他与玛丽亚公主结婚时，婚礼就在霍夫堡的皇家教堂里举行，但是因为公务繁忙，拿破仑本人居然没有参加自己的婚礼，而是让人代理进行的。

并不是所有的皇族成员都喜爱花团锦簇、金银满目的华丽风格，他们家族中的弗朗茨·约瑟夫皇帝的居室就十分简单，只有一张铁床和一些简单的家具。这位皇帝是哈布斯堡末代王朝比较杰出的一位帝王，但是他最知名的故事却是他的爱情和婚姻——因为他娶了当时欧罗巴最艳丽的花朵，美丽的茜茜公主。

弗朗茨·约瑟夫皇帝与茜茜公主的故事被拍成三部系列电影：《茜茜公主》、《年轻的皇后》和《皇后的命运》。影片中，奥地利女演员罗密·施奈德扮演的茜茜公主天真可爱，打动了全世界观众的心。

霍夫堡皇宫中保存着现实中茜茜公主的照片，她一头浓密的深色长发，端庄文雅，其美丽程度绝不逊于电影中的人物。茜茜公主本名伊丽莎白，茜茜是她的昵称。她于1837年诞生在巴伐利亚贵族家庭，父亲是一位热爱田园、游猎的公爵。

公主与年轻皇帝初次相见的故事如今人们已经耳熟能详，两个年轻人的母亲是姐妹，她们计划亲上加亲，让弗朗茨·约瑟夫皇帝与茜茜的姐姐结婚。但是茜茜的纯真和开朗让皇帝一见倾心，眼中再无旁人。1854年，17岁的茜茜公主嫁入哈布斯堡家族，成为奥匈帝国最尊贵的皇后。

年轻英俊的国王和美丽纯真的皇后，这童话般美好的开始，并没有带来童话般美好的结局。作为庞大帝国的皇后，无论是宫廷的繁文缛节还是皇后需要履行的义务，都让从小喜欢在山野自由徜徉的年轻皇后很不适应。

更糟糕的是，皇家也有婆媳问题。公主的婆婆苏菲皇太后并不喜欢自己这位外甥女兼儿媳妇，在茜茜生了孩子之后，竟然剥夺了她抚养、教育孩子的权利。婆媳间的不和睦让茜茜公主痛苦不堪、心力交瘁。而她的丈夫忙于处理纷繁的国务，无暇或者也是无意介入这场婆媳之间的战争。

结婚之后，茜茜公主主要居住在位于维也纳郊外的美泉宫中而不是城内的霍夫堡。美泉宫是哈布斯堡家族的夏宫，建于1696年，虽然规模没有霍夫堡大，但是亦拥有1400多个房间和2平方千米的优美庭院。这里有一眼甜美的甘泉，美泉宫的名字就此而来。

茜茜公主的丈夫弗朗茨·约瑟夫就出生在美泉宫，他生命中的大部分时间都是在这里度过。美泉宫也有茜茜公主的房间，这里保存了更多她的文物，其中包括一些运动器械，据说公主为了保持身材，经常健身锻炼。

1889年，对于茜茜公主来说是阴霾的一年。她的独生儿子、奥匈帝国的皇储鲁道夫自杀而亡了。比较普遍的说法是，当时已婚的鲁道夫又爱上了一名年轻女子，但是教皇拒绝宣布他原来的婚姻无效。鲁道夫为自己注定无果的爱情痛苦不堪，在这一年的秋天，他把心爱的姑娘带到自己在郊外的狩猎别墅，先开枪打死了女友，用鲜花装饰好她的尸体，然后对着自己的太阳穴扣动了扳机……

也有历史学家称，鲁道夫很可能不是自杀的，这也许是一场政治阴谋，因为奥匈帝国皇位的传承会牵动欧洲政治格局。但是，时间久远，其中的秘密已难以追寻。儿子的英年早亡让茜茜公主备受打击，从此她仅带着贴身女仆，微服游历欧洲各处，不愿意再回到让她伤心的维也纳皇宫。

1898年9月，茜茜公主游历到瑞士日内瓦。在湖畔游船的码头上，一名意大利无政府主义者为了一鸣惊人，袭击了公主，当胸打了她一拳，把她打倒在地，然后逃走。据说，当时茜茜公主的外伤并不十分明显，侍从把她搀扶上船，但是没过多久，公主就面色苍白地倒

科尔市场（Kohlmarkt）周边聚集了大量的名牌商店，也是画廊、古玩店以及多家精品店的所在地，从市场遥望远方，可以看到霍夫堡皇宫华丽的屋顶。

FRANCISCVS IOSEPHVS I
PERFECIT A D MDCCCXCIII
ORIENT
EXE
RESTA
LEV
BANK/CHANGE
FÖRSTER
APOTHEKE
GALERIE

夜幕低垂，静静的美泉宫仿佛在和泉水中的倒影做伴。整个美泉宫温柔祥和，好似茜茜公主依然沉睡在其中。

在甲板上。

医生发现，她胸口心脏的位置有一个出血的小洞，原来刺客手里握着一把锋利的尖锥，而锥子已经刺破公主的心肺。时年61岁的一代名媛，就这样香消玉殒，离开了人世。妻子的去世对奥皇弗朗茨·约瑟夫是一个沉重的打击。茜茜公主的葬礼很简单，皇帝剪下她的一绺头发保存了起来。从他留下的信件中看出，虽然在茜茜出走后，他也不断与情人传出绯闻，但是他对茜茜公主一直是惦念有加的。

因为独生儿子已逝，弗朗茨·约瑟夫皇帝的侄儿斐迪南大公成为奥匈帝国的皇储。斐迪南大公与自己的叔叔一样，也是多情之人。他所娶的王妃是一位波希米亚伯爵的女儿，虽然她也是贵族出身，但是因为没有皇族血统，所以比大公、皇帝家族的身份要低了一等。

以浪漫的爱情故事而知名的弗朗茨·约瑟夫皇帝，在侄儿的事上并不怎么开通，他不赞同侄儿的婚事。斐迪南大公也算是“爱江山更爱美人”，他坚持娶了心爱的姑娘，也因此触怒了皇帝。

弗朗茨·约瑟夫皇帝在晚年变得严肃而刻板，这位奥匈帝国在位时间最长的皇帝，晚年的照片略微皱眉，眼睛的鱼尾纹和连鬓胡子显得坚毅到有些冷硬，与他年轻时的英俊潇洒、一身戎装的画像判若两人。烦劳的政务让他性格产生变化，作为哈布斯堡家族庞大帝国的统治者，他的日子并不好过。

当时，奥匈帝国统治的疆域包括今天的奥地利、匈牙利、捷克、斯洛伐克以及南斯拉夫、波兰、罗马尼亚和意大利领土的一部分。各地不同民族要求独立自制的声音此起彼伏，帝国已经摇摇欲坠，时刻有分崩离析的危险。

1914年，奥匈帝国的皇储斐迪南大公在萨拉热窝视察时遇刺，与王妃双双殉难身亡，成为第一次世界大战的导火索，整个欧洲卷入长达4年的战火与杀戮之中。在侄儿被刺的两年之后，弗朗茨·约瑟夫皇帝以86岁的高龄孤独地死去了。第一次世界大战之后，曾经辉煌一时的奥匈帝国四分五裂，成为奥地利、匈牙利、波兰等多个独立国家。古老的奥匈帝国和显赫数百年的哈布斯堡王朝，最终被滚滚的历史洪流淹没，只留下维也纳那些壮丽的宫殿、城堡，让后

维也纳是多瑙河畔最著名的城市，它曾是强大的奥匈帝国的首都，繁荣数百年，被誉为“多瑙河女神”。

人回味、感慨。

走在维也纳街头，属于封建统治时期的痕迹随处可见，虽然经过翻新和修整，但是老城依然保持着几百年前的格局。街上咖啡馆林立，浓郁的咖啡香味让人忍不住停下来喝上一杯。维也纳的咖啡馆文化也是非常有名的，与法国巴黎的左岸咖啡并称为欧洲两大咖啡文化。

维也纳人对咖啡的痴迷已经有好几百年历史，而咖啡的传入还与战争有关。据说，1683年土耳其人进攻维也纳，但是被奥地利的军队击退。土耳其人撤离时，留下了一袋袋黑褐色的豆子。

FIRMA
CHANGE

现在的维也纳依然保持着老派贵族的风范，华丽、优雅的街道让游客沉迷其中。

奥军中的一位士兵对土耳其文化比较熟悉，知道这些豆子就是咖啡，于是申请把这些豆子赏赐给自己。后来，他在维也纳开了城里第一家咖啡馆，当地的居民逐渐喜爱上这种苦而香醇的味道，咖啡逐渐成为被人们广泛欢迎的饮品。

早在玛丽亚·特雷西娅女王统治时期，维也纳的咖啡馆文化已经非常盛行。传说女王成立了一个“道德监督委员会”，尤其是要监督、惩治那些花心出轨的丈夫。而女王的丈夫、神圣罗马帝国的皇帝弗朗茨·斯蒂芬本人却是一个多情的人，不断传出绯闻。于是咖啡馆中流行一个笑话，人们常用“弗朗茨太太，管好你的丈夫”打趣。

现在，咖啡已经成为维也纳重要的一部分，不管是本地市民还是各地的游客，都常常流连在咖啡馆中。很多老咖啡馆已经有几百年的历史，精美的古典装潢中，依然能触摸到古老帝国的幽灵，特雷西娅女王、茜茜公主的故事，也依然在不同时代的人之中传颂不绝。

B RATISLAVA

布拉迪斯拉发：最年轻的首都

它是欧洲最年轻的首都，它地处“欧洲之心”，它曾是10位匈牙利国王和“欧洲之母”特蕾西娅女王的加冕之城……美丽的多瑙河宛如一条腰间的玉带，从这里穿城而过，它就是被称为“多瑙河上的美女”的城市——斯洛伐克的首都布拉迪斯拉发（Bratislava）。

对于30岁左右的这一代中国人，说起斯洛伐克，可能最先想到的不是纷繁的战火和复杂的国际局势，而是一只天真可爱的小鼹鼠。二三十年前，电视节目远不像今日这么丰富，一部从捷克斯洛伐克引进的优秀动画片《鼹鼠的故事》，曾给那一代人的童年增加了不少乐趣，也让我们知道了欧洲有这样一个名字长长的国家。

捷克和斯洛伐克，分别是中欧地区两个民族，拥有各自聚居的区域，它们曾经建立同盟国家。1993年1月1日，斯洛伐克人和捷克人通过和平的方式，各自独立，于是斯洛伐克共和国从此成为一个独立的主权国家。

虽然斯洛伐克独立还不到20年，但是它却拥有十分悠久的历史，可以说，这是一片几乎被欧洲历史上所有文化浸润过的土地，凯尔特人、罗马人、斯拉夫人、匈牙利人和日耳曼人，都曾先后在这片土地上留下了属于自己的印迹。

斯洛伐克很小，人口也只有500万左右。历史上它曾经是匈牙利王国的一部分，在奥匈帝国的哈布斯堡王朝统治时期，它也与捷克一起，作为一个行政单位“捷克斯洛伐克”。

斯洛伐克位于欧洲内陆地区，和奥地利、匈牙利、波兰等国接壤，因此彼此互相影响，斯洛伐克和不同国家的人通婚，风俗和习惯也相互影响，国家虽小，却也能体验到多种不同的文化交融。

在多民族、多文化的熏陶下，斯洛伐克人既保存了自己的风俗传

布拉迪斯拉发城边，美丽的多瑙河穿过高山峡谷，流经坦荡的平原地区，进入斯洛伐克境内。

统，也热情地接纳吸收了邻邦的文化，并与它们保持了良好的关系。斯洛伐克驻华大使吉格蒙德·贝尔托克曾说："我们是一个中欧小国，人口不多，因此，我们的人民才更加紧密地团结在一起。我们和所有邻国的关系都非常好，在和捷克共为一个国家的时间里，我们和波兰、乌克兰、匈牙利和奥地利都没有发生过冲突，和所有周边国家都能保持良好关系。"

现在，包括斯洛伐克在内，捷克、布拉格、匈牙利等地处欧洲中部的几个国家和城市都宣称自己是欧洲的"心脏"。展开一份地图，欧洲大陆从南到北，从东到西，用不同的方法测量，得出的结论多少会有些偏差，但是总是差得不远。

斯洛伐克的专家们经过考证，说斯洛伐克是真正的欧洲的心脏。和捷克一样，斯洛伐克也是一个典型的内陆国家，位于欧洲的中心地带。斯洛伐克面积不到5万平方千米，西与奥地利和捷克两国接壤、北邻波兰、南接匈牙利、东近乌克兰，一条多瑙河将斯洛伐克与维也纳以及黑海沿岸各港口连接在一起。因此可以说，斯洛伐克是名副其实的“欧洲之心”。

独特的地理位置让斯洛伐克四通八达，这里就像一个大的交通枢纽站，南来北往的商贸物流都要经过这里，为这个小国带来众多益处。过去，人们把捷克斯洛伐克当做“东欧”，但是这个概念的产生主要是政治原因，并非是地理原因。现在斯洛伐克已经加入欧盟，他们自认为是欧洲的中心，是“大欧洲”的一部分。

布拉迪斯拉发虽然是一国首都，但是城市氛围安逸休闲，而且少有大都市那种常见的躁动与喧嚣。布拉迪斯拉发还有一些有趣的特点：它距离匈牙利和奥地利都非常近，是世界上唯一一个同时与两个国家接壤的首都；它与奥地利的首都维也纳相距仅60千米，是世界上相距最近的两个国家的首都。

斯洛伐克的首都布拉迪斯拉发是欧洲最年轻的首都，美丽的多瑙河宛如一条腰间的玉带，从这里穿城而过。

城市虽小，但是位置却非常好——距离维也纳只有1小时车程，去匈牙利首都布达佩斯也只有200千米，离捷克首都布拉格只有350千米。布拉迪斯拉发位于旧时东西欧的边界，这特殊的地理位置吸引了许多游客。

布拉迪斯拉发还是一座既年轻又古老的都城。现在它是斯洛伐克首都，可是在历史上，整个斯洛伐克都在匈牙利的版图内，当奥斯曼土耳其帝国占据了匈牙利大部分领土的时候，1536年，匈牙利首都从布达佩斯搬迁至此，在前后将近300年的时间里，它都是匈牙利王国的首都，只是那时它叫“普莱斯堡”，是世界上绝无仅有的先后充当过两个不同国家首都的城市。

布拉迪斯拉发这个有些拗口的名字，在当地人的口中却充满轻快的韵律。这个名字由两个单词组成，分别是“兄弟”和“斯拉夫人”的意思。现代斯洛伐克人的祖先斯拉夫人在公元5~6世纪之间的民族大迁徙时期抵达这一地区。布拉迪斯拉发这个地名是在1919年确定下来的，而这座城市有着太多历史和不同文化停留的痕迹。它的历史曾经受到日耳曼、捷克、匈牙利、犹太和斯洛伐克等各种民族的强烈影响，因此拥有许多来自不同语言的不同名称。

布拉迪斯拉发地处“欧洲之心”，它曾是10位匈牙利国王和“欧洲之母”特蕾西娅女王的加冕之城，初雪过后的小城，被温和的阳光抚摸着。

布拉迪斯拉发街景。虽然是一国首都，但这座城市氛围安逸休闲，而且少有大都市那种常见的躁动与喧嚣。这里有穿着复古西装选购水果的老太太，有粉红色的有轨电车搭载路人，街头艺人还未开始表演，风趣的装扮就已吸引了众人观看。

1563~1830年，共有10位匈牙利国王和8位王后，包括著名的“奥地利国母”玛丽亚·特蕾西娅女王，都是在布拉迪斯拉发举行的加冕典礼。如今，在宏伟的哥特式建筑圣马丁大教堂里，我们找到了国王加冕时的辉煌历史印迹。这里曾是匈牙利王室进行加冕典礼的教堂，高85米的教堂塔顶是镀金的圣斯特凡王冠。现在，城里每年会举行一次加冕庆祝仪式的表演，重现当年奥匈帝国皇帝登基时的场景，让人们看到这座城市辉煌的过去。

18世纪，在“欧洲之母”玛丽亚·特蕾西娅统治的时代，布拉迪斯拉发曾经是匈牙利帝国最重要的城市，也是女皇最喜欢的城市之一，她曾经常到这里游玩，耸立在多瑙河北岸一座丘陵上的布拉迪斯拉发城堡，曾经是女皇尊贵的皇家驻地。

不对称设计的铁索大桥是布拉迪斯拉发的新景观，桥上的飞碟型建筑是一座餐厅，在那里可以饱览多瑙河和城中的景色。

古老的布拉迪斯拉发城堡见证了从古罗马时代开始，欧洲大陆上曾经存在过的绝大部分帝国。它曾几次被彻底摧毁，又几次在废墟上重建。从1541年起，这里成为奥地利统治者哈布斯堡家族的官邸。1635年，为了抵抗奥斯曼土耳其帝国，人们又在四角建起了四个高高的塔楼。从那时起，它便成为这座城市的象征。

布拉迪斯拉发城堡位于城边的高地上，它宏伟壮观，四四方方，浅色的墙壁上是深色的屋顶，四角上的塔楼显示出其防御功能。在数次摧毁、重建中，它经历了罗马风格、哥特风格和文艺复兴风格。现在看到的布拉迪斯拉发城堡是20世纪50年代重建的，它被恢复成玛丽亚·特蕾西娅时期的样子。城堡里面的阶梯很宽，相传是因为玛丽亚·特蕾西娅比较丰满，把里面的阶梯加宽后，她便可以骑马走在阶梯上进入城堡。

另一座在斯洛伐克历史上有重要意义的古堡，是位于布拉迪斯拉发市郊、多瑙河和摩拉瓦河交汇处的德文城堡。由于其重要的战略位置，德文城堡是大摩拉维亚和早期匈牙利一个极为重要的边境城堡，同时也是斯洛伐克和斯拉夫人历史的重要标志。

1809年，在历经千年风雨后，它最终被拿破仑的军队摧毁。今天我们来到这里，原来的结构已基本成为废墟，只剩下修复后的几栋主要建筑。然而，古老的城堡上的一座处女塔，给后人留下了一段悲情的传说故事。

相传，有一对夫妇非常想要小孩，但是女方一直无法怀孕，于是她对上帝发誓，如果她生下一个男孩，就让他去当牧师；如果她生下一个女孩，就让她成为修女，不管怎样她都会把这个孩子献给上帝。

后来，这对夫妻生下一个女孩，这个女孩从小时候就一直准备着以后进入修道院，成为一名供奉上帝的修女。但是随着年龄的增长，这个女孩越来越漂亮，到了17岁，她已经出落成楚楚动人的美丽少女。花季女孩遇到了让她心动的人，便再不想去修道院当修女了，而是想要像普通的女孩子一样结婚生子，与她相爱的人一起过幸福的生活。

女孩的父母犹豫良久，他们并不想看到自己的女儿不幸福，所以，他们最终决定让女儿嫁人，并为她准备婚礼。举行婚礼的当天，女孩的叔叔来了。他是修道院的人，带着士兵强行将女孩带到了修道院，并说女孩母亲已答应过上帝，因此她不能结婚。修道院的士兵和城堡的士兵打了起来，在战斗中，女孩的丈夫战死了，新娘悲痛欲绝，便从城堡塔上跳下来自杀了。因为她死的时候还是一个处女，因此人们就把她跳下来的塔命名为处女塔，成为今日德文城堡的标志。

自古以来，布拉迪斯拉发都是多瑙河的重要港口，多瑙河从城中缓缓流过，尽管没有布达佩斯多瑙河两岸的气势恢弘，也没有维也纳多瑙河的优雅婉约，但是在这里你可以尽情饱览如诗如画的多瑙河风光：南面，郁郁葱葱的森林尽头是匈牙利和奥地利的秀丽国土；北面，蓝色的多瑙河则宛如自天而降横系在布拉迪斯拉发腰间的玉带，在阳光的照耀下缓缓流动，碧波粼粼，溢彩流光，美丽动人。

布拉迪斯拉发老城区以南，新城区以北，多瑙河平缓地向东流淌，奔向黑海。与维也纳的繁华相比，布拉迪斯拉发显得朴素安静得多，乍看之下只会给人以简朴的印象，氛围和节奏也不像别的首都那般喧嚣而紧张，然而只消在城里稍微多转一会儿，这些以古典主义风格建造、缀以巴洛克风格装饰的房子和它们所组成的街道，就会令人心生爱恋。而看起来简简单单、不事修饰的小广场，却也别有一番质朴可爱的情趣。这座城市的宁静与悠闲让人觉得内心安详，有种家一般的亲切感。

除了古老的建筑，城中还有一处非常值得一去的新景观——横跨多瑙河的铁索大桥。在城市中心，一座气势如虹的铁索大桥飞架南北，成为这座城市的标志之一。布拉迪斯拉发新桥是一座很壮观的单侧斜拉桥，建造于20世纪中期，它只有一个索塔，而且在河中间也没有桥墩；最吸引人的是桥索塔上面飞碟形状的餐厅，从那里可以俯瞰整座城市。

大桥是不对称设计，在河岸一侧有一对倾斜、高耸的立柱，立柱上引出几道钢索，拉住桥身。而飞碟形的餐厅就在立柱顶端，整个设计非常现代。这座餐厅是布拉迪斯拉发最受欢迎的晚餐地点之一，在这里进餐，可以欣赏到美丽的多瑙河落日，还有被晚霞染成美丽暖色调的城市。

餐厅有时会播放斯洛伐克本地音乐，其中就有不少当地民歌，特别是与多瑙河有关的歌曲。其中有首歌是这样唱的：多瑙河边有一个漂亮的小镇，镇里有不少英俊的小伙。我非常喜欢其中的一个，我会为他跳入多瑙河，游到对岸，甚至一直追随他到黑海去。因为这是爱情的力量，你轻易不会游过多瑙河，因为多瑙河非常危险，但是我可以为了爱而跳入多瑙河，这就是爱情的力量……

日落时分，布拉迪斯拉发城华灯初上，沉浸在多瑙河的柔波之中。

布拉迪斯拉发人为多瑙河感到自豪，他们说捷克人还为此感到忌妒，因为多瑙河流经布拉迪斯拉发而没有进入捷克。斯洛伐克的民族歌曲里有好几首都是歌唱多瑙河的，特别是居住在河两岸的年轻人相恋的故事。

坐在餐厅里远眺多瑙河，河面上船只来往，从船上挂的旗帜能分辨出它们来自哪些国家。一位生长在多瑙河畔的斯洛伐克朋友说，“我在布拉迪斯拉发出生、长大，我经常和父母一起在多瑙河边散步。当我还是一个小孩时，总看着多瑙河联想，河对岸是另一个国家，多瑙河流到我们这里之前，它已经看到别的国家，看到别的人民，我一直在猜想河的另一边的人长什么样”。

这个朋友认为，生活在河边的人会更开放些，因为他们更容易接受到不同的文化。比如生活在多瑙河边的人，自然而然地就会想去了解河流上游和下游那些国家以及生活在那里的人们。

的确，多瑙河作为欧洲东南地区的一条重要航道，同时也是文化传播的途径。罗马人通过多瑙河来到了中欧地区，现在布拉迪斯拉发城中还有纪念碑，纪念罗马人2000多年前来到这里。“蓝色多瑙河”是从艺术家和作家的角度来看的，而从经济角度来看，多瑙河是各国相互连接的桥梁，布拉迪斯拉发就像一个大熔炉，在城中漫步，你会遇到不同背景的人：匈牙利人，奥地利人，捷克人，俄罗斯人，大家和平友好地相处在一起。

正因为这种友好与宽容的气氛，布拉迪斯拉发成为一座“来了就不想走的城市”。据说著名童话作家安徒生在一次沿多瑙河的旅行中，途经了布拉迪斯拉发，他原本只是想上岸看看，没想到却被这座城市深深吸引，一住数月。这座城市为他的创作带来不少灵感，也成为人们心中当之无愧的“多瑙河上的美女”。

B U D A P E S T
布达佩斯：一座古城的涅槃与重生

布达和佩斯，一对姊妹城市，隔着多瑙河的碧波，含情对望。这里拥有悠久而灿烂的历史，即使在名城璀璨如星的欧洲，“布达佩斯”这个名字也绝不会有丝毫逊色。美丽的多瑙河犹如丝带一般，眷恋婉转地从城中飘过，见证这片美丽河岸在雪与火中的一次次涅槃。

暮色中站在多瑙河边，两岸灯火辉煌，高耸的塔尖、宏伟的钟楼隔河相望，连通两岸的铁索大桥上，装饰灯拉出一段段美丽的弧线。最美的是河水，暗蓝的河水静静流淌，两岸建筑物的灯光倒映在水面上，红色、黄色、橙色……建筑物的影子随水波轻轻荡漾着，好像经典的印象派画作，迷离又奇幻。

布达佩斯，几个音节组合在一起，又有一种起伏的韵律。原本是两座城市，现在已经合并为一座，它是匈牙利的首都，是欧盟成员国的第七大城市，也是欧洲最美丽、最迷人的首都之一。

多瑙河在这里近乎南北走向，河的东岸是佩斯古城；而布达城则坐落于河西岸。因为水草丰美、土地肥沃，很早就有人在这片土地上定居生活。在公元1世纪末期，罗马帝国就在河西岸建立了城堡和镇子，古镇的位置就在现在的布达老城区内。

城堡是区域统治的中心，建在多瑙河西岸的城堡便成为这一地区的政治中心。公元107年，这里修建了总督府，升级为区域的首府，成为罗马帝国统治现在匈牙利地区的政治中心。从这个角度来说，布达城可以称得上是一座古都。

多瑙河西岸的布达城繁荣了三四百年之久，随着罗马帝国的衰落、瓦解，时运转向河东岸的佩斯城。佩斯在当地语言中的意思是“火炉”，人们猜测，这个地名可能来源于城市附近有多处温泉。

来自东方的军队和部族多次袭击了这片罗马故地，并且逐渐定居下来，成为这里的居民。在人们的经营和建设下，佩斯古城也繁荣起来，修建了雄伟的教堂等众多华丽的建筑。第一个在匈牙利正式建国的是一位叫伊什特万一世的匈牙利贵族。

伊什特万一世和他的大多数臣民是马扎尔人——那些东方游牧部落的后人。历史上，这一族人到底来自何处依然是一个未解之谜。他们的语言不属于印欧语系，与欧洲大陆主要国家的语言差别很大。

从语言方面考证，他们应该是中亚地区古代突厥人的一支，而突厥人的活动范围又广布于中亚的土耳其、哈萨克斯坦、乌兹别克斯坦直到中国新疆等地。不过，长期生活在欧洲中部地区，受到罗马人影响，他们已经接受了天主教。

为了纪念布达和佩斯城市的合并，人们在盖勒特山西侧摆放了一对小雕塑。“布达”的雕像是一位国王，“佩斯”则是美丽的王后。这对雕像象征着国王与王后的结合，祈愿布达佩斯明日更加繁荣。

伊什特万一世生活在公元第一个千年临近尾声的时期，当时，马扎尔人已经从一个游牧部落逐渐过渡为封建制国家。伊什特万一世为贵族大公之子，他雄心勃勃、意志坚定，向周边的国家夺下不少土地，又击退了神圣罗马帝国的入侵。在公元1001年，他宣布匈牙利为

独立的王国，自封为第一任国王。

现在，佩斯城中树立着伊什特万一世的塑像，塑像下半部是白色的石头底座，底座为罗马宫殿样式，有雕刻精美的圆柱，底座外围还装饰有昂首挺立的雄狮。伊什特万一世本人的塑像是铜塑，国王本人披着铠甲、举着权杖，骑乘在战马上。在风雨的洗礼中，铜像已经完全变成锈绿色，反而更有一种金戈铁马的豪迈气质。

古老的布达佩斯饱经战火的洗礼，一次次被摧毁，又一次次重新屹立于多瑙河畔。

匈牙利人把这位开国国王奉为圣人，是他让匈牙利从大国的附属公国变成独立的国家。这位国王把首都定在佩斯城。

匈牙利建国以后200多年，又一支来自遥远东方的队伍到达这里。这些人骑着个头不高但是速度奇快的战马，使用强弓利箭，横扫而来。他们是蒙古人的军队，战士们骁勇善战，进攻速度极快。

这只队伍的领袖叫拔都，是“一代天骄”成吉思汗的孙子。他继承了祖辈马上战士的基因，带领军队从亚洲内陆的大草原一路向西，开疆拓土，席卷欧洲。欧洲武士笨重的铠甲和长剑，在善于突袭和远程射箭的蒙古骑兵面前完全不堪一击。1241年，蒙古军队攻占了佩斯城，而且按照他们的一贯作风，毫不客气地烧杀抢掠，佩斯古城毁于一旦。

蒙古人走后，面对被毁的首都，匈牙利王室只好迁都别处。又过了100多年，才再次把首都迁回多瑙河畔的佩斯。

匈牙利地处欧洲大陆中心地带，和平时期，这里是文化、贸易的通道，而一旦战争爆发，这里也是战火燃烧的前沿。地理位置让布达和佩斯这两座城市注定命运多舛。在公元15世纪中叶，又一支强大的东方势力——土耳其奥斯曼帝国来到这里。

战争断断续续地持续了将近百年，匈牙利的土地可以用满目疮痍来形容。在16世纪上半叶，佩斯古城和布达古城先后被奥斯曼帝国攻占，匈牙利的国王路易死于战场，剩下的族裔逃到今天斯洛伐克的首都布拉迪斯拉发。

当时的奥地利统治者哈布斯堡家族的费迪南大公与匈牙利国王路易家族为姻亲，费迪南借此机会，取得了匈牙利国王的王冠，从此匈牙利成为奥地利的附属国家之一，虽然匈牙利保留了国王的位置并享有一定的自治权利，但是实际上一直都受到哈布斯堡家族的掌控。

在奥地利人的统治下，布达和佩斯都经历了不小的发展，特别是佩斯，人口大大增长，成为多瑙河沿岸又一座繁荣的城市。不过，即便如此，矛盾和冲突也是不断爆发，而奥地利统治者则屡屡采取镇压的手段。

让布达和佩斯最终“手牵手”发展成为一体的是一座大铁桥。由于多瑙河非常宽阔，而且河水时不时还会泛滥成灾，所以，两城之间主要靠渡船连通。19世纪40年代，历时整整10年，两座城市之间终于修建起一座大铁桥。几十年后，为了纪念提议修桥、同时也是主要出资人的塞切尼，人们就把这座桥改以他的名字命名，称为“塞切尼大桥”。

现在，多瑙河上，包括塞切尼大桥在内，一共有8座大桥连接布达与佩斯，但是人们依然最喜欢这座大桥。这座大桥样式古朴，两个结实、沉稳的桥墩立在河道两侧。桥墩以上，是类似凯旋门样式的高大建筑，从“大门”拉出数条铁索，拉拽着桥面。

这座大桥曾是世界建桥历史上的一座丰碑，多瑙河宽约300米，两

修建于19世纪的塞切尼大桥是布达佩斯的第一座多瑙河大桥，它的修建，促成了河两岸的布达、佩斯融合成一座城市。

个桥墩虽然在水中，但是相隔的长度也超过200米，这在当时已经是空前的跨度，没有一座铁索吊桥能超过它。

这座大桥至今依然可以使用，除了拍照的游客，每天有很多当地人通过这座桥去往对岸。其实，现在我们走过的塞切尼大桥已经不是最初的那座。在第二次世界大战时，德国占领匈牙利，把塞切尼大桥炸毁了，现在我们看到的是在1949年仿照原样重新修建的。

可以略为夸张地说，塞切尼大桥给了布达和佩斯两座城市新的生命。在大桥建成后，多瑙河两岸的这两座城市突然变得“没有距离”，商贸往来畅通无阻。就在大桥建成后不久，政府正式宣布，布达与佩斯正式合并为一个城市。虽然后来两城又曾一度分开过，但是后面时代的绝大多数时间，它们都是作为一个城市出现在地图上，只是曾经被叫做“佩斯—布达”。

第一次世界大战之后，奥匈帝国解体，匈牙利终于结束了哈布斯堡家族统治的时代，成为独立自主的国家。战争的阴云在欧洲徘徊，不久，布达佩斯就经历了一段黑色的岁月。

第二次世界大战期间，奥地利与德国纳粹合作，加入轴心国。匈

布达佩斯的旅游业繁荣，经常能看到满载游人的豪华游轮驶过多瑙河平静的水面。

布达佩斯街头的有轨电车

牙利虽然是独立国家，但是历史上它与奥地利、德国有着太多联系，所以也加入了轴心国之中。1944年，匈牙利当时的政府决定不再与德国合作，这引起了德国纳粹的报复。德军占领了布达佩斯城，并且对城中的犹太人大开杀戒。

纳粹给布达佩斯带来的沉重伤害，不仅仅是杀害城中的居民，还炸毁塞切尼等几座大桥。这座城市被沦为德军的基地后，又遭到盟国军队的猛烈袭击。1944年末，苏联军队包围了布达佩斯。不管是苏联人的进攻还是德国人的防守反击，所有的炮弹最终都是落在这座匈牙利古城伤痕累累的身躯上。战役持续了3个多月，布达佩斯有数万普通市民丧生，城市严重被毁。

现在的布达佩斯城繁华热闹。古朴的老建筑改成时髦的商店，

布达佩斯的露天咖啡馆

橱窗中展示着最新流行的服装、饰品；蓝天白云下，远处的小山丘微微起伏，宽阔的多瑙河润泽着两岸；街上的行人处处洋溢着轻松的微笑，很难想象这座城市经历过的痛楚往昔。第二次世界大战后，欧洲大多数地方恢复了和平，而这座城市又经历了外国坦克兵临城下的危机，发生了震惊世界的巨变——匈牙利事件。

中国的大学课本里曾提到过这次事件，而对于这次变故，至今仍然有尚未解密的档案，很多真相也许就永远掩埋在尘封的历史中了。

在苏联的干预和支持下，1949年，匈牙利劳动人民党（原共产党与其他党派合并后的名称）推翻了原来的政府，建立人民共和国。苏联为这个新兴的社会主义国家提供了不少支援，在这一时期，布达佩斯城经过重建，逐渐恢复了之前战争带来的破坏，而且城市的范围也进一步扩大了。

虽然国家建设正在进行并取得了不少成果，但是匈牙利的领导一直遵循苏联的发展模式而不顾自己国家的特点。匈牙利人摆脱了奥地利哈布斯堡家族的统治得到独立，但是却被苏联所左右，人民渐渐对当时的政府失去了信心，不满情绪在国内暗中滋长。

第二次世界大战后期，英、美、苏三国在雅尔塔召开会议，实质上是划分势力范围。其实，苏联在会议中收益很大，让战后其势力范围扩展到欧洲中部、东部、南部等地，包括匈牙利在内，波兰、捷克、罗马尼亚等国都加入社会主义国家阵营，而苏联政府则在很大程度上干预这些国家的政策。

斯大林死后，匈牙利政府的领导人曾试图在国内推进更适应本国国情的新政策，但苏联政府直接干预了新政实施，并且以强硬的态度撤换了匈牙利高层领导中“不听话”的官员。政策的变化和领导层的撤换，不但让匈牙利经济状况恶化，更是激起了人们的反感，不满的情绪越酿越浓，不断有小规模抗议的声音出现。

以拉科西为核心的匈牙利政府，不但没有疏导这种不满，而是用暴力手段镇压、逮捕和驱逐了一些提出反对声音的人。

事情的导火索是波兰的选举。1956年，波兰举行选举，苏联支持的候选者并未当选，而是主张独立自主的领导人当选。而随后苏联也表示，尊重波兰人民的意愿，不会强行干涉。这件事大大鼓励了匈牙利的民众：既然波兰人可以，我们为什么不能按自己的意愿走自己的道路?

同年10月23日，以学生为主的游行队伍走上布达佩斯街头。他们高呼“俄国佬滚出去”等口号，强烈表达对苏联干预他们内政的怒火。不断有普通市民加入游行的队伍，后来街上竟然集结到20万人之众。

当天晚上，匈牙利的领导人在电台发表讲话，言辞激烈地指责参与游行的人是“匈牙利人民的敌人”。这番讲话刺激了示威的民众，当夜，他们涌向城市中心的斯大林广场，把广场上的斯大林像推倒在地。部分示威者来到广播电台，希望通过广播发出他们的声音，但是这种要求遭到拒绝。示威者与电台的保卫以及警察争执起来，争执很快升级。几个小时后，声援波兰的游行演变成流血冲突。

在示威事件发生后不久，匈牙利政府领导向苏联请求支援。苏联军队进入匈牙利，全副武装的苏联士兵们出现在布达佩斯街头。本来是反对苏联干涉自己内部事务的游行，却变成让苏联的军队进入自己的城市，这一点更加激发了群众的不满情绪，一些匈牙利部队倒戈，拒绝执行政府镇压示威的任务。

在布达佩斯城中，我们采访到一些曾经经历那次事件的人。他们说，当时很多人白天上班，晚上拿起武器上街打仗，然后回家休息，第二天再正常去上班。这听起来有些荒唐，但当时城中的情况确实如此，完全是一片混乱。市民不相信政府，政府指挥不了军队。部分苏联士兵没有接到具体任务，反倒同情匈牙利人，与市民一起饮酒玩乐。

事件在群众呼声较高的新领导纳吉上台后有所缓和，苏联军队撤出匈牙利。但是没过多久，局势再次恶化，在城中的共和广场上，几名士兵还有数位政府、军队官员被杀，等候在边境线上的苏军立即再次进入匈牙利。

纳吉派出代表团与苏联谈判，但是代表团的成员却被苏联军队扣押，这意味着苏联政府已经把当时的匈牙利政府视为敌人。11月3日，纳吉在痛苦中宣布，苏军已经开始进攻首都布达佩斯。

面对训练有素、经验丰富的苏联军队，匈牙利军队和百姓中的武装分子没有抵抗的余地。很快，苏军逮捕了纳吉等匈牙利政府领导人，并且完全控制了布达佩斯城。历时13天的“匈牙利事件”结束了，纳吉被判处死刑，事件中有近3万匈牙利人丧生，全国的经济损失巨大，枪战和炮火给首都带来巨大破坏。古老的布达佩斯城再一次受到重创，生活在其中的居民再次目睹了自己家园被毁。

现在，在“匈牙利事件”中几处发生重要冲突的地点还在，人们甚至还能给游客指出城里的哪条街道曾经搭起过街垒，发生过巷战。经过几十年的重建，如果不是特意寻找，现在经过这些地方已不大容易发现那些被破坏的痕迹。

今日，多瑙河西岸的布达，有着富丽堂皇的匈牙利国王皇宫和精致美观的城堡，每日迎接来自世界各地的游客；而在河东岸的佩斯，政府办公地和演出场所亦满是熙来攘往的人群。在城中，时不时就能遇到一座古典的大厦、高塔，街头和路边花园里也总是有精美的雕像和喷泉。在这里，我们不得不感叹一个城市的愈合能力。

英雄广场是布达佩斯城市的标志和文化中心之一。这座广场非常宽阔，可以同时容纳50万人，是为了纪念匈牙利建国1000周年而修建的。广场上有一排弧形的雕塑群，中央是一根高耸的圆柱，圆柱顶端是护佑匈牙利的女神。女神前方是几位身穿铠甲的领袖雕像，他们就是那些早期带领族人从东方来到多瑙河畔的部落首领。

圆柱两侧各有一排类似希腊神殿式的圆柱长廊，长廊被柱子分隔，柱子之间有人物雕像。这些人物雕像一共有14尊，他们是匈牙利历史上杰出的国王、大公和为国家、民族做出重大贡献的英雄人物。

匈牙利的历史充满了谋求独立的抗争，也涌现出很多杰出人物。除了英雄广场，位于多瑙河畔的“3月15日广场”也是游客必去的地方，那里有匈牙利伟大的诗人裴多菲的塑像，这个广场也是为他而建的。

“生命诚可贵，爱情价更高。若为自由故，两者皆可抛。”在裴多菲的雕像前，来自不同国家的人用各自的语言读出诗人的名句。

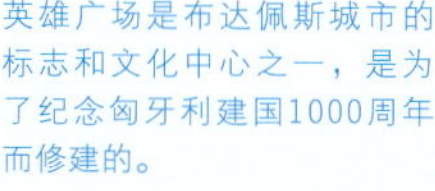

英雄广场是布达佩斯城市的标志和文化中心之一，是为了纪念匈牙利建国1000周年而修建的。

中央市场的屋顶铺满了匈牙利特色的彩绘陶片，并拼成了特色的马赛克图案，在夕阳下更显艳丽的色彩。

裴多菲的雕像是他咏诵自己诗歌的情景，诗人一只手高高举过头顶，另一只手拿着书稿，卷曲的头发在风中飞扬，表情慷慨激昂。现在，裴多菲已经成为匈牙利的象征，他被誉为“是在被奴隶的鲜血浸透了的、肥沃的黑土里生长出来的一朵带刺的玫瑰”。

1823年1月1日，新年的第一天，多瑙河畔一个叫克洛什的小村中，一户贫困的农家新添了一个男孩，男孩当屠夫的父亲和农奴出身的母亲不会想到，自己这个儿子将来会变成伟大的诗人和民族英雄。

为了改变儿子的命运，裴多菲的父母辛勤劳作，为儿子接受良好的教育创造条件。他们先后把小裴多菲送到教学条件更好的克茨克梅特城、沙波特沙拉什城、佩斯、奥绍德上学，小裴多菲也深知父母的不易和良苦用心，他勤奋苦读，一直都在优等生的行列中。在此期间，裴多菲就已显露出他在诗歌写作方面的天赋，他平日写的一些小诗很受同学欢迎。

父母期望把儿子培养成牧师或者教师，可以提高社会地位，过上好一些的生活。但是他们却赶上了多瑙河河水泛滥，房子被洪水毁掉。祸不单行，裴多菲父亲借给熟人和亲戚的钱也收不回来了，面临破产，全家人甚至无处栖身。

面对意想不到的艰难，16岁的裴多菲不得不辍学步入社会。那之后他过着漂泊的生活，做过演员，当过兵，也去过很多地方。坎坷而丰富的人生经历让他更深地体会到匈牙利下层劳动人民的悲惨生活，为他极富平民意识的诗歌创作打下了坚实的基础。

裴多菲从匈牙利民歌中汲取营养，把鲜活的劳动人民的语言加以提炼，把民歌形式加以发展、提高为出色的艺术作品，有力地驳倒了贵族文学家们认为“庄稼佬”的语言只能表达低级感受的论调。他的诗深深扎根于群众当中，他在小酒馆、大车马店朗读完成的诗稿，听取劳动人民的意见，把下层人民的反应作为衡量作品是否优秀的标准，努力让每一首诗从内容到形式都为群众所喜爱。

裴多菲的诗歌总是饱含激情，他歌颂爱情，更歌颂自由和独立，呼唤匈牙利人民摆脱其他国家的统治，争取自由。最著名的那首《自由与爱情》，许多人都能脱口而出。自诞生之日起，这首诗就跨越了文化的鸿沟，经受住了时代的冲刷，被世界各地的人们广为传颂，激荡起一代又一代年轻人心中的热情。

自17世纪以后，匈牙利由于受到奥地利帝国的统治而丧失了独立地位，从此，争取独立自由的起义和斗争此起彼伏。在这种环境中成长起来的裴多菲，民族的苦难与抗争很早就在他的心灵上打下了深深的烙印。

匈牙利著名诗人裴多菲

1848年春天，匈牙利人与奥地利统治者之间的矛盾已经激化，各地不断传来反抗的声音。此时的裴多菲正在布达佩斯，他与朋友一起策划了一次起义。在3月15日，上万名起义者聚集在佩斯的民族博物馆前，裴多菲当众高声朗诵了他的新诗《民族之歌》：

"起来，匈牙利人，祖国正在召唤！
是时候了，现在干，还不算太晚！
愿意做自由人呢，还是做奴隶？
你们自己选择吧，就是这个问题！"

如同战斗檄文一样的句子鼓舞着起义者的气势，为废除农奴封建制度、反对奥地利统治的斗争开始了。而此时，奥地利的国王正求助于俄国沙皇和奥俄两国联军奔赴匈牙利，镇压人民起义。裴多菲作为战士，多次与敌人直接交锋。一年之后，在一场与俄国军队的战役中，他战死疆场，时年26岁。

裴多菲牺牲后不久，起义最终被无情地镇压了。诗人留下年轻的妻子和2个年幼的孩子，再也没有回来。他用自己的生命，实践了《自由与爱情》中的誓言。值得一提的是，把这首诗翻译成中文的是革命者、诗人殷夫，他于1931年被国民党反动派杀害，时年22岁，与裴多菲一样，为了自由的梦想，献出了年轻的生命。

这就是诗歌的力量，能刮起狂风暴雨，摧毁高高在上的统治者。在这个饱经沧桑的民族心中，裴多菲就是民族进步的旗帜和精神力量所在，他已成为匈牙利的民族之魂。现在的"3月15日广场"，就是为了纪念诗人那次在公开朗诵《民族之歌》而修建的，每年3月15日也是匈牙利的节日，人们会在这一天到广场上聚会，纪念这位深爱匈牙利人民、也被匈牙利人民钟爱的诗人。

裴多菲的铜像面对着多瑙河，在广场旁边的河岸，有一座"裴多菲大桥"连接着对岸。河对岸也有一座雕像，那是代表自由的女神。

自由女神与裴多菲隔着多瑙河相互遥望，这样的设计，也许是希望诗人在天之灵可以感到安慰。

在匈牙利停留期间，每当人们得知我们来自中国，他们总是表现出格外的热情和友好。有当地的朋友告诉我们，因为匈牙利的祖先是来自东方，所以他们国家有着浓重的“东方情节”。现在，在布达佩斯生活的华人、华侨超过2万人，他们除了进行大量的商贸往来外，还在文化传播方面做出了贡献。现在，中国武术在匈牙利非常流行，在布达佩斯郊区，甚至还有一家“少林寺”。

在西方国家，很多人最早是通过李小龙的电影认识中国功夫的，许多欧洲人为那拳如流星、腿如疾风的气势所震撼，从此爱上了功夫。匈牙利的情况也不例外，然而最开始的时候，由于缺乏对中国武术内涵的了解，很多习武的西方人只得其形而未得其神，只是单纯地模仿在电影中看到的动作。

很多外国人对中国武术的了解来自各种功夫电影，在他们心中，“少林”几乎等同于“中国武术”。在布达佩斯郊区有一所少林武术学校，学员几乎都是金发碧眼的“老外”，他们在这儿学习武术，学习东方哲学，这座学校是中国文化在异国土地上绽放出的美丽鲜花。

少林武校并不太大，高高的山门上挂着“少林寺”三个大字的匾额。建筑物红漆的柱子和向外翘起的屋檐，颇具中式风格。除了建筑物外形和书法牌匾，学校里还能看到许多诸如合掌、抱拳、礼佛等具有中国传统文化意味的展示。学校有一大片练习场，场上有不少学员穿着宽松的中式服装，正在跟着教练学些拳法，他们的动作一板一眼，有模有样。

这所学校的创建者罗博特谈起创办“少林寺”武校的原因时说：“小时候我很喜欢格斗，学过一些拳击和一些自由搏击，也很想学功夫，后来到了美国，接触到一些中国功夫……我相信天下武术出少林，既然这是正宗，我想用最正宗的方式来学。我去了几次中国的少林寺，和师傅建立了很好的关系，回匈牙利后，我想建立一个‘少林寺’，传播中国武术。”

学校创立于1992年，当时，老师与学员一共只有十几个人。而现在，学校已经有学员过万人，他们来自匈牙利全国各地，甚至周边国家的人也慕名而来。少林武校也创造出不少成绩，他们在大大小小的各类国际武术比赛上捧回了500多个奖杯和奖牌。很多学员表示，在这里受益匪浅，因为这里教的不仅是拳脚功夫，还包括很多东方哲学和思维方式。有位学员表示，在这里，他感到“找到了真正的自己。”

在这所学校里有一位著名的老师，来自中国少林寺的俗家弟子——释行鸿。他在匈牙利已经10年了，除了担任少林武术学校的老师，还曾被聘为匈牙利警队的武术教头、国际禅武联盟的主席。他告诉我们，在改革开放的时候，少林寺开始向全世界传播少林文化，他于1990年出国。1999年他来到匈牙利，被这里“少林弟子”们的热情所感动，就留了下来。

来自少林的中国功夫就像一道桥梁，不仅提高了练习者的素质和修养，也让更多的外国人接触、了解到博大精深的中国文化。这也是释行鸿和匈牙利少林寺的学生们最大的心愿。值得一提的是，在沟通中匈文化方面，还有另一所特别的学校在努力，那就是位于布达佩斯十五区的“中匈双语学校”。

汽车在黄昏中穿过塞切尼链桥的桥洞，就到了对岸的佩斯城。塞切尼大桥连接了布达和佩斯，同时给河两岸的人们带来了美好与希望。

这所学校由匈牙利的华人、华侨建立，学生主要是华侨子女。这所学校也是从建筑外观到课程设置都体现了中国特色。课程采用匈牙

匈牙利的少林武术学校学员正接受检阅

利语与汉语双语教学，学校里挂着匈牙利国旗、欧盟的蓝色旗帜和中国国旗。

匈牙利离中国很遥远，但是在这多瑙河畔的美丽土地上，我们却常常能感受到回家般的亲切。武术、中文甚至禅宗精神，都融入到多瑙河水中，为这条文化之河增添了一笔绚丽的色彩。●

CROATIA

克罗地亚：千岛之国

克罗地亚（Croatia），多瑙河流经的地区中唯一一个濒临地中海的国家。从地图上看，这个国家好像一个大大的字母“C”镶嵌在欧洲南部、巴尔干半岛的东南边缘。多瑙河从克罗地亚东北部经过，只在国境线上稍作停留便转向东北，去往下一个国家了。不过，就让这短短一段，带我们认识一下这个略带神秘感的地方。

克罗地亚有“千岛之国”的称号，因为在它南部的海岸线上有无数美丽的小岛镶嵌在大海之中。克罗地亚位于亚德里亚海（Adriatic Sea）的东岸，而亚德里亚海是地中海的内海，隔着宽阔的海面，对面就是亚平宁半岛的意大利。

进入克罗地亚之前，我们对这里有不少猜测，因为这个国家的“身世”曲折复杂，真不知道那是一个什么样的地方。等真的踏上这片土地，我们立刻被它的独特气质迷住了——这个国家，有着地中海式的温和气候，蓝天白云格外纯净，青翠的树林中掩映着宁静的村镇，一副恬静美好的景象。可是，正当你心旷神怡地欣赏田园景色时，却总是能遇到弹孔累累，被炮弹炸毁的房屋建筑。

乡村牧歌般的甜美景色与战争的狰狞丑陋杂糅在一起，让我们百感交集，一时间居然很难形容自己的心情。体型高大的鹳鸟在废弃的屋顶搭起巨大巢穴，它们展开翅膀，悠闲地在树林上方翱翔。我们问同来的向导，这些村舍为何不重建？没想到，得到的回答是，附近还有独立战争时留下的地雷和炸弹，尚未清除干净。

一边是地中海边，游客云集的度假胜地，水清沙净；一边是弹孔累累、藏着地雷的废弃村舍，同一个克罗地亚，给我们展示了它迥然不同的两副面孔。

克罗地亚的城镇乡村安详美丽，让人难以想象战争就发生在短短十几年前。

克罗地亚拥有悠久的历史，在世界大部分地方还处于蒙昧时代

克罗地亚有“千岛之国”的称号，因为在它南部的海岸线上有无数美丽的小岛，镶嵌在大海之中。

时，辉煌的古希腊文明就已经传播到这里。不过，现在的克罗地亚人大多属于斯拉夫种族，他们于公元六七世纪时从欧洲的东北部迁徙到这里，成为巴尔干半岛的主要居民。克罗地亚在公元10世纪时建立了强盛的王国，但是随后又被匈牙利人、奥地利人统治。

在1918年末，生活在巴尔干半岛上的南斯拉夫人建立了联合王国——塞尔维亚－克罗地亚－斯洛文尼亚王国，后来改称南斯拉夫王国，从此之后，便开始了与“南斯拉夫”这个名字剪不断、理还乱的关系。

虽然同是南斯拉夫人的后裔，但是因为生活在不同地区，受到不同文化的影响，巴尔干半岛的居民们又分成很多不同的民族，各个民族有自己的语言文化与宗教信仰，这成为后来他们在“独立与联合”间摇摆的重要原因。

1963年，南斯拉夫社会主义联邦共和国成立，克罗地亚与塞尔维亚、斯洛文尼亚、马其顿、波斯尼亚和黑塞哥维那、黑山一起，成为这个共和国的六位成员。由于政治、经济等多方面原因，1991年，克罗地亚宣布从南斯拉夫社会主义联邦共和国中退出，但是它独立的过程并不顺利。

克罗地亚的疆域内居住着不同民族、不同信仰的人。这里以克罗地亚族人为主，但是也有不少塞尔维亚族人。因为整个南斯拉夫国塞族人口最多，而且首都也设在塞尔维亚的贝尔格莱德，所以在这里，民间一直潜伏着对塞族领导者不满的情绪。

1990年，一次在克罗地亚首府萨格勒布举行的足球比赛中，两队的球迷们发生冲突。事情本来不大，但是南斯拉夫的警察在维护治安时行为有些偏颇，本是球迷之间的矛盾，却触动了“塞族人与克族人不平等”的敏感神经。

山雨欲来风满楼，矛盾的爆发其实只需要一个小小的借口。当年年末，克罗地亚地方领导便提出，同波斯尼亚一起与南斯拉夫结成“联合国家”，废除当时的“联邦制度”。虽然在字面上差别不是很大，但是这意味着独立、自治的权利。南斯拉夫政府立刻予以拒绝，坚持克罗地亚是其一部分。

1991年中，克罗地亚举行全民公投，结果超过半数的公民投票赞成独立，所以，政府很快宣布独立。其实在全民公投之前，克罗地亚

克罗地亚的普拉竞技场是世界上最大的罗马竞技场之一，这里每年一度的电影节都会吸引大批游客前来参观旅游。

当地政府已经做好准备，组建了自己的武装力量，并且购置了大批武器。同样，居住在克罗地亚境内的塞族人也为此做了准备，他们也组织起军队，在北部地区掀起叛乱。

同年9月，南斯拉夫政府派出军队，袭击了克罗地亚的首都，正规军开始激烈作战。作战的双方都称自己为正义，一方是要求独立自主，另一方是维护国家统一。我们无法判定是非曲直，但是战争却实实在在地葬送了几千条生命。

更为严重的是，因为这场冲突由民族问题引起，所以很多杂居在一起的人，突然之间从邻里关系变成敌人，很多普通百姓拿起武器，一些城市发生巷战，社会局势混乱一时。不久之后，联合国派出维和部队，进驻克罗地亚。

1995年，在联合国维和部队准备撤军时，武装冲突再次爆发，克罗地亚军队袭击了塞尔维亚族聚居的城市，战火险些又蔓延开来。在联合国调停之下，争端暂时被放下，大部分地区恢复了和平。

经过计算，独立战争的几年时间里，克罗地亚人口减少了30多万，除了战争中的伤亡，大部分的塞尔维亚族人逃到他方。战后，克罗地亚境内的塞族人口比例大大下降。而战争也让克罗地亚付出沉重的经济代价，被毁掉的城市、乡村以及各种公共设施都需要重建。

在南斯拉夫时代，克罗地亚不是联邦成员中的发达地区，战争给这里带来的经济损害用了很多年才得到缓解。但是，即使今天，在克罗地亚城乡依然能看到大量战争的痕迹，墙壁上的弹孔就像血淋淋的伤口，让人们没法忘记那场噩梦般的战争。

今天的克罗地亚，平静而美丽，边境问题的争端基本已经得到解决。走在大街上，即使是陌生人，也经常能受到亲切、友好的问候。

克罗地亚人自豪地告诉我们，领带就是他们发明的。据说，在几百年前，当克罗地亚男子加入军队，即将奔赴沙场时，他们的妻子或情人按当地风俗，送上自己的围巾。而男子们也乐于佩戴心上人的围巾，寄托思念，以示对爱情的忠诚。久而久之，情人的围巾演化为领带，成为现在西方国家男子普遍的配饰。现在，手工制作的领带依然是克罗地亚的知名纪念品，游客们都会买下几条，留给自己或者爱人。

克罗地亚的历史上诞生过很多伟大人物，其中一位还与中国发生过密切联系，他就是马可·波罗。提起马可·波罗，我们一般的常识里都以为他是意大利人，但是实际上，他诞生在克罗地亚南方海滨的小城科尔丘拉市，在他很小的时候，就跟随家人渡过亚德里亚海，移居到意大利的威尼斯，后来他的游记也是用意大利语写成的，所以世人才都会认为他是意大利人。科尔丘拉市至今保存着马可·波罗的故居，经过修缮，已经成为马可·波罗纪念馆。

另一位有巨大影响力的克罗地亚人是铁托——南斯拉夫最著名、最有影响力的领导者。铁托生于1892年，出生在社会底层，父母是克罗地亚的贫困农民，他很小就开始自谋生路。

在工厂做工期间，他加入了克罗地亚社会民主党，后应征入伍。在工厂和部队的经历，让他对社会和国家的政治局势有了深入的认识，也产生了自己的政治理想。后来他加入了南斯拉夫共产党，开始组织工人革命斗争。

第二次世界大战期间，铁托领导南斯拉夫人与法西斯侵略者进行了英勇的斗争，1944年，他带领南斯拉夫解放军与苏联军队配合解放了贝尔格莱德。在1945年11月29日南斯拉夫联邦人民共和国成立时，铁托成为联邦政府主席——这个巴尔干新国家的最高领导者。

铁托是一位伟大的政治家，在战争时期，他创建军队，打仗时身先士卒，为争取国家的解放和独立做出巨大贡献。到了和平时期，他努力争取国家独立、自主，不顾当时苏联的反对，提出“不结盟、不参加任何集团”的倡议。

当时，苏联在很大程度上控制着东欧那些社会主义国家，对它们的内政进行干预，甚至直接出兵。但是铁托以强硬的态度抵抗了苏联人的干涉，这让斯大林对他非常恼火，当时的舆论甚至把他称为共产主义的叛徒。而那些不满苏联政策的东欧国家，后来则把铁托当做学习的榜样，争取独立。

在国内民族政策方面，铁托采取了一些措施，遭到了人们的诟病。当时南斯拉夫成员国的人口中，以塞尔维亚族人占的比重最大。铁托本人是克罗地亚族，他的一些政策和措施有抑制塞族人的意味，这引起了塞族人相当的不满，也为后来南斯拉夫的解体埋下隐患。

铁托逝世之后，按照他本人的遗愿，安葬于塞尔维亚的贝尔格莱德市。他并不知道，在他身后的10年，南斯拉夫这个巴尔干大国就

铁托的出生地

摇摇欲坠，逐渐分崩离析了。他之前曾经提出“南斯拉夫族”的概念，期望国内各个民族能融合到一起，但是实际上没能弥合各族人之间的矛盾。

现在的克罗地亚正蓬勃发展，经历过痛苦的战争，人们格外珍惜现在的和平生活。在首都萨格勒布（Zagreb），我们看到了这里宏伟的中世纪教堂，参观了有300多年历史的萨格勒布大学，品尝了著名的克罗地亚美食鱼汤，这个让人喜爱的美丽国度，正在走向美好和繁荣。

BELGRADE 贝尔格莱德：白色之城

塞尔维亚共和国的首都贝尔格莱德是座历史悠久的古城，它位于巴尔干半岛与欧洲主陆连接的交接点上，有“巴尔干之匙”之称。

贝尔格莱德（Belgrade），意为“白色的城堡”。据说，这个名字来源于早期这座城市曾经有一座白色砖石修葺而成的城堡，因为它是这片土地最高大、最显眼的“地标”，于是，过往的商人旅客都把这里称做“贝尔格莱德”。后来，这个名字真的正式成为这座城市的大名。

来到贝尔格莱德，老城区有着欧洲各个时期、不同风格的精美建筑，新城区则繁华而有序，一幅现代都市的景象，美丽的萨瓦河穿越城区，划分开老城和新城，汇入多瑙河中。城中虽有浅色建筑，但现在叫它“白色之城”似乎有点名不副实，它还有一个更加贴切的称呼——“巴尔干之匙”。

现在，贝尔格莱德是塞尔维亚共和国的首都，它地处欧洲的东南部，多瑙河与萨瓦河交汇之处，是巴尔干半岛与欧洲主陆连接的交接点。巴尔干半岛素来是欧洲的火药桶、战争与冲突的爆发地，而贝尔格莱德城就是巴尔干的钥匙，最近一次战争，距今只有短短10年多时间。

细数这把“钥匙”的历史还要从2000多年前说起。早在公元前3~4世纪，欧洲的古代民族凯尔特人就在这片两河交汇的地方建立起聚居区。凯尔特人是古代中欧一个松散的族群，他们有着相似的语言和文化，擅长金属锻造和手工工艺，后来他们的足迹散布到除北部以外的整个欧洲。

在公元前的最后100年中，来自南方的罗马帝国征服了这座城市，随后的几百年中，这里不断被各种势力、民族侵袭，先后被匈奴人、萨尔马提亚人、东哥特人和阿瓦尔人等势力征服。贝尔格莱德城为何总是成为砧板上的鱼肉呢？一个原因是它在战略要道上，另一个重要因素是这里地处平原和丘陵地带，矮小的山丘无险可守，而通达的大河又成为敌人进攻的通道。

萨瓦河与多瑙河在贝尔格莱德交汇，两条大河让这里的水路交通非常便利。

古代的战争经常是为了劫掠财务，在战火中，贝尔格莱德屡次被毁，一再重复着毁坏、重建的过程。在公元7世纪，斯拉夫人到达这里并且定居下来。我们知道，贝尔格莱德曾是南斯拉夫联盟的首都。我们对“南斯拉夫”这个国家并不陌生，虽然它实际只存在了70多年。它曾是南欧巴尔干半岛上一个由多个成员组成的联盟国家，因为其大部分人口属于“斯拉夫人”的南方分支，因而取名南斯拉夫。

关于斯拉夫人，他们是起源于欧洲东北部的古老种族，拥有至少2000年的历史。他们扩散到欧洲东北和南部的广阔地带，随着时间的推移，各处的斯拉夫人都不同程度地受到迁徙目的地的影响。现在，通常把居住在波兰西部、捷克、斯洛伐克等地的人称为“西斯拉夫人”；把居住在波兰东部、乌克兰直至俄罗斯的人称为“东斯拉夫人”；而把生活在欧洲南部、巴尔干半岛的人称为“南斯拉夫人”。

斯拉夫人在这里定居之后，虽然依旧屡遭外族入侵，但是仍在这里顽强地生存下来，繁衍生息，建设家园。虽然经过混血和文化交融，但直到今天，这里的大部分人口都是斯拉夫人的后裔，至少也有他们的血缘。

贝尔格莱德曾经归属于不同国家，在13世纪末期，匈牙利国王把这座城市封赏给自己的女婿。欧洲古代实行封建制度，一个城邦就像一个小国家，执政者不一定自称国王，但可以收税和建立军队。国王的女婿得到贝尔格莱德城后，成为塞尔维亚第一位君主，统治城市及其周边地区。

仅仅不到百年，塞尔维亚帝国南方的土地被奥斯曼土耳其帝国侵占，而在匈牙利等国的支援下，贝尔格莱德抵御住了土耳其人的进攻，成为欧洲人抵御奥斯曼帝国的屏障。贝尔格莱德在这个时期迅速发展起来，它是塞尔维亚王国的首都，也是主要的军事要塞，直到1521年城市才失守，最终并入奥斯曼帝国的版图中。

贝尔格莱德的圣萨瓦大教堂是世界上最大的东正教教堂之一，坐落于老城区东部的丘陵上，教堂前有圣萨瓦的铜像。

这次战争严重摧毁了贝尔格莱德城，不过在土耳其人的统治下得到暂时的宁静，作为区域统治的中心，城市得到重建。同时，大量的外族人，特别是来自欧洲东南部以及亚洲西部的人都来到这里，人种、文化、宗教都发生了融合。

塞尔维亚人并没有停止反抗外族统治的斗争，他们发动了数次起义。这些行动引起了土耳其统治者的愤怒，他们为了惩戒，竟然从坟墓中挖出塞尔维亚圣人圣萨瓦的遗体，当众焚烧。

圣萨瓦生活于13世纪，诞生于王族，是塞尔维亚的一位王子。老国王去世后，圣萨瓦无意于王位和权力，而是选择了宗教。当时，前塞尔维亚国王皈依了基督教的东正教派，圣萨瓦则致力于宗教的传播与发展。

当时，他的两个哥哥正争夺王位，在圣萨瓦的支持和斡旋下，王位顺利更迭，他的一个哥哥登上王位。国内局势平稳后，圣萨瓦去往当时东正教的核心君士坦丁堡，并且顺利地让塞尔维亚成为独立的教区，他自己也成为这里的第一任总区主教。

这件事在塞尔维亚历史上举足轻重，让塞尔维亚人产生了巨大的民族凝聚力。圣萨瓦也以自己本身的人格魅力深深影响了广大普通民众。如果说之前的塞尔维亚人还是松散的联合体和普通小农，在圣萨瓦之后，人们便有了很强的民族认同感。随后的岁月中，这片土地数次落入异族之手，但是塞尔维亚人始终保持团结，没有停歇过争取独立的斗争，这些都与圣萨瓦的宗教改革有关。

圣萨瓦作为“圣人”，是塞尔维亚的精神领袖，土耳其人这种开棺鞭尸的做法，无疑深深激怒了塞族人，埋下了反抗斗争的导火索。现在，布达佩斯城中有纪念这位圣人的圣萨瓦大教堂，人们每年都会开展纪念活动。此外，现在塞尔维亚还设立了“圣萨瓦勋章”，授予那些为国家做出贡献的杰出人物。对塞尔维亚人来讲，得到这枚勋章是莫大的荣誉。

在17世纪，贝尔格莱德成为拉锯战中的焦点，强盛的奥地利王室不断派兵攻打这里的土耳其人。奥地利军队3次攻下贝尔格莱德，每次又都很快被反攻的土耳其人击退。在这样的撕扯中，美丽的贝尔格莱德变得体无完肤，化作一片废墟。

后来，随着时间的推移，曾经强大的奥斯曼帝国变得腐朽不堪，无力控制那样辽阔的疆域，在19世纪初，塞尔维亚成为独立的王国，而贝尔格莱德成为国家的首都。

第二次世界大战时期，贝尔格莱德城曾被德军攻占，并在这里建立了亲德的南斯拉夫傀儡政府。后来苏联红军和南斯拉夫共产党的武装力量联合行动下，贝尔格莱德得到解放。

贝尔格莱德屡经战火，至少遭到过40多次严重破坏，至今还能看到很多战争遗迹。不过现在的城市已经焕然一新，散发着古典与时尚并存的迷人魅力，城中心正举办热闹的歌曲竞赛。

在此之后的历史不用赘述，因为没过多久，第一次世界大战的导火索就在巴尔干半岛上引燃。作为交通要道，贝尔格莱德无论如何也不可能躲过战火的侵袭。枪炮、火药等武器的运用，让军事行动的破坏力大大增加，战争也令城市的损毁程度加剧。第一次世界大战结束后，贝尔格莱德成为新建立的南斯拉夫王国首都。

纳粹德国崛起之后，南斯拉夫的摄政王签署协议，加入轴心国的行列。当地居民立刻走上街头，开始抗议游行，同时，军队中也有人发起政变。德国马上出兵采取报复性行动，他们出动空军，对贝尔格莱德城进行猛烈的轰炸。之后，轴心国的联军入侵南斯拉夫，在这里建立起亲德的傀儡政府。被轴心国控制的贝尔格莱德自然也成为同盟国的进攻目标。多瑙河与萨瓦河的上空出现了盟军的飞机，他们向城中抛下大量炸弹……

1944年，在苏联红军和南斯拉夫共产党的武装力量联合行动下，贝尔格莱德得到解放，亲德的政府领导被推翻。1945年，共产党领导人铁托宣布，建立“南斯拉夫联邦人民共和国”。后来铁托与苏联关系破裂，在1963年，这里变为“南斯拉夫社会主义联邦共和国”，疆域包括巴尔干半岛的大面积土地，有多个不同文化、不同种族的民众，而贝尔格莱德则是这个联邦国家的首都，经济、政治和文化的中心。

近现代的历史我们就比较熟悉了。“南斯拉夫社会主义联邦共和国”不断分裂，克罗地亚、斯洛文尼亚、马其顿、波斯尼亚和黑塞哥维那、黑山等纷纷退出联邦，成为独立的国家。不管是叫国家分裂还是叫国家独立，这些政局的变动都或多或少对首都贝尔格莱德造成了影响。

走在贝尔格莱德市，你脚下的每一寸土地都是经过战火焚烧的。据史学家统计，这座城市在历史上至少遭到过40多次严重破坏，而被外族奴役、统治，累计多达数百年之久。

从繁华现代的新城区，跨越萨瓦河与多瑙河汇流处，向南便进入了贝尔格莱德的老城。这里街道狭窄，忽而上坡，忽而下坡，城市格局还保持着几百年前的老样子。马路两边的建筑古香古色，时不时就能遇到工艺令人赞叹的精美石刻和雕塑。如果不是路上往来的汽车，真会有种时光交错、回到过去的感觉。

但是，就在我们徜徉在罗马、奥斯曼、法国、英国、俄罗斯等不同风格的老建筑中时，却时不时能遇到一些让人触目惊心的东西——弹孔。在优雅的建筑上，这些弹孔显得分外刺眼和醒目，它们在提醒我们，往事并不如烟，战火和流血就在并不太遥远的昨天。我们由衷地期望和平永远存在，期望这座多瑙河畔的城市永远美丽，不再遭受战火创伤！

C A R P A T H I A N S

喀尔巴阡山：吸血鬼和国王的共存之地

“我看见伯爵，他躺在地上的箱子里。伯爵脸色惨白，犹如一尊蜡像，他两眼通红，露出我很熟悉的复仇目光，可怕至极。我注视着他时，他瞥见了夕阳，充满恨意的眼神中竟现出一丝胜利的光芒。这时候，乔纳森大刀的寒光一闪而过，刀砍断了伯爵的脖子，莫里斯的利刃也同时刺中了伯爵的心脏。转瞬间，伯爵的身体整个化成灰烬消失了……”

这段文字出自于爱尔兰小说家布拉姆·史托克的名著《德古拉》，这部小说让吸血鬼德古拉伯爵的故事家喻户晓。现在，我们的车行进在苍翠的喀尔巴阡山中，去寻访现实中小说的人物原型——罗马尼亚的德古拉伯爵城堡。

喀尔巴阡山脉被罗马尼亚称为他们“民族的脊梁”，这条山脉属于阿尔卑斯山脉东部的延伸，它位于欧洲中部，全长1450千米，从斯洛伐克布拉迪斯拉发附近的多瑙河谷起，经波兰、俄罗斯边境到罗马尼亚西南多瑙河畔的铁门，呈半环形横卧大地。

山脉绿树丛生，鲜花遍野，不时能遇到一条清澈的山溪流淌而过，这些溪水大多数都会汇集到多瑙河中，一起流向黑海。汽车一转弯，前方一座山的山顶上有一片建筑，这就是吸血鬼的老家——布朗城堡，城堡乳白色的墙壁和红砖屋顶在阳光下显得恬静美好，并没有预想中的恐怖气氛。

有不少欧洲人相信真的存在过吸血鬼——他们是一种以吸食活人鲜血为生的恶魔，而吸血鬼的鼻祖德古拉伯爵，曾经是一位生活在中世纪的罗马尼亚贵族。他的城堡就是坐落于喀尔巴阡山中的布朗城堡。

传说，德古拉伯爵是一位虔诚的天主教徒，他年轻英武，骁勇善战。当时，土耳其人入侵欧洲的天主教世界，伯爵带领军队顽强地抵御敌人的进攻。狡诈的土耳其军人向罗马尼亚放出虚假消息，说德古拉伯爵战死疆场，伯爵美丽的妻子得到噩耗以后，在悲痛中自杀身亡了。

爱尔兰小说家史托克的名著《德古拉》让吸血鬼的形象深入人心，很多欧洲人至今依然认为，真有吸血鬼生活在罗马尼亚阴霾的山区中。

当伯爵凯旋时，却发现爱妻已死，而在天主教教义中，自杀的人灵魂是不能升入天堂的。伯爵悲痛和震怒之下背叛信仰，与魔鬼达成协议，从此成为不老不死的怪物，靠吸食人血为生。就像携带病毒一样，凡是被他吸过血的人，要么死掉，要么成为德古拉伯爵的随从，也变成吸血鬼。

在罗马尼亚的历史上，德古拉伯爵确有其人，而且他与土耳其军队的作战也是真实的历史，布朗城堡就是德古拉伯爵曾经生活的地方。因为吸血鬼的恐怖故事在欧洲广为流传，所以每年都有大量的人特地来此地参观，寻访现实中的吸血鬼之家。

因为吸血鬼的故事太过有名，附近的城镇四处可见有关的纪念品。

布朗城堡高高耸立在一座小山的顶部，地势险要，易守难攻。不过，在光天化日之下，城堡四周绿树成荫，看起来完全不似电影《惊情四百年》或者《夜访吸血鬼》那样阴森恐怖。不过想进入城堡并不容易，山下只有一条狭长的小路通向上方。

这就是传说中吸血鬼的鼻祖——德古拉伯爵居住的地方——布朗城堡，历史上真实的德古拉是一位生活在中世纪的罗马尼亚贵族。

据说，在德古拉伯爵生活的时代，这条小路是没有的，想进入城堡只能依靠从城堡内部扔下的绳子。当然，这只是传说，但是城堡的入口确实刻意修建得狭窄难行，这在当时主要是为了军事目的。

现在，吸血鬼城堡已经变成一个对公众开放的博物馆，里面展示罗马尼亚古代兵器、盔甲等物，门口还有扮成吸血鬼模样的工作人员与大家合影留念。除了门口“不要在夜晚进入城堡”的牌子外，表面上看，并没有太多让人不安的东西。

进入古堡内部，高大的石拱穹顶大厅雄伟壮观，气势恢宏。这个城堡于1377年开始兴建，土地属于匈牙利王国，由罗马尼亚当地的贵族和领主统治。在山上建筑城堡，主要是为了抵御土耳其人的进攻。城堡在山巅，可以望见很远的地方，如果有敌人进犯，可以在第一时间知道。城堡于1382年建成，这里逐渐成了集军事、海关、当地行政管理、司法于一身的政治中心。

布朗城堡易守难攻，俨然一座军事堡垒。现在这里已经改建成博物馆，展示罗马尼亚古代兵器、盔甲以及艺术作品。

吸血鬼德古拉伯爵的原型人物叫弗拉德·德古拉，他是罗马尼亚历史上最著名的人物之一。弗拉德出生于1431年，是罗马尼亚的贵族，他的父亲是这一地区的领主，他本人得到的最高爵位是大公，所以也有人叫他弗拉德王子。在罗马尼亚语中，德古拉本是龙之子的意思，后来因为吸血鬼的传说，这个词逐渐演变为恶魔的意思。

当时，喀尔巴阡山一带是瓦拉西亚公国，这个小公国隶属于匈牙利王国。瓦拉西亚公国地处欧洲天主教世界的东部边缘，东边便是虎视眈眈的邻居——土耳其人建立的奥斯曼帝国。奥斯曼帝国横霸西亚，势力强盛一时，加之不同的宗教信仰，一直与天主教世界摩擦不断。

弗拉德于1456年当上大公，成为瓦拉西亚公国的最高统领，他在奥斯曼帝国的阴影下，励精图治，努力发展国家，抵抗强大敌人的骚扰。而布朗城堡便是弗拉德大公长期生活和处理公事的地方。

传说故事中，吸血鬼德古拉伯爵有两副完全相反的面孔：一种说法是，伯爵拥有贵族的优雅与矜持，他的模样永远年轻英俊；而另一种说法则是他獠牙红眼，犹如从地狱爬出来的饿鬼。现在，布朗城堡里有一幅弗拉德本人的肖像，他一头浓密的黑色卷发，面孔消瘦，鼻梁细长，眼睛很大，但似乎有些疲惫，唇上浓黑的胡子显得有点夸张。

肖像中，他头顶豪华的帽子和精致的上衣象征着王权和他尊贵的身份。从画像来看，弗拉德大公显得忧心忡忡。可以想象，在他任职期间，国家内忧外患交加，他努力保持国家的独立和安定，这位大公当得确实不容易。而弗拉德本人，也算是一位相当英勇有为的统治者，尤其是在抵御土耳其人方面，他可以算得上是一位民族英雄。

那么，为什么弗拉德后来被传为恐怖的吸血鬼呢？这与他本人残酷的个性有关。在他统治期间，政府执行一套非常严格的惩罚制度。不论是对敌人还是犯罪的本国人，弗拉德都给予严酷而残忍的惩戒。

研究那段历史的相关人员说，弗拉德的统治手段公认的残忍。敌人、叛徒、不法商人、流民，只要落到他手中，他都会用各种酷刑把他们整死。弗拉德有个外号叫“刺王”，因为他喜爱使用木桩惩罚囚徒——把木桩竖立在地面上，犯人被木桩钉穿而死，而且尸体要示众于人，期间任由鸟雀、蝼蚁啄食分解。

据说，有个土耳其使者见到大公时不肯脱帽致意，大公一怒之下，让他“永远戴着帽子”，命人用木桩刺入使者戴着帽子的头部。最著名的例子是，一次土耳其人进犯，他们的军队进入弗拉德的领地后，发现沿途一路上有很多树桩，而每个树桩上都穿着一具尸体——粗大的树桩从人的脑袋、嘴、肚子等不同部位刺穿身体。

这些人是不久前战争中被俘虏的土耳其士兵，一共多达上万，尸体的阵列延伸了数千米。这种恐怖的场景让土耳其军队深受震撼，吓得撤军，从此弗拉德·德古拉嗜血、残忍的名号也被广泛传扬。

1462年，弗拉德在与土耳其人的战斗中战死。他的尸体被分割成很多部分，其中头颅被送到奥斯曼帝国的首都。在弗拉德统治的十来年中，他成功地抵御了伊斯兰教国家对天主教国家的入侵，为欧洲大陆的和平做出了很大贡献。所以，至今罗马尼亚人还把他尊为英雄，虽然他的残酷手段也确实耸人听闻。

真正让罗马尼亚的弗拉德·德古拉成为恶魔吸血鬼的，是爱尔兰奇幻小说作家史托克。他于1897年出版了小说《德古拉》，以弗拉德大公为原型的吸血鬼故事在欧洲风靡一时，从此，不少人深信，真的有不死的吸血怪物生活在罗马尼亚的喀尔巴阡山中。

布朗城堡的工作人员告诉我们，其实，在欧洲从古代就有吸血鬼的传说，不过在中世纪瘟疫流行时最为盛行。欧洲历史上爆发过几次大规模的瘟疫，疫情严重时，很多城市、乡村死亡的人数几乎达到人口的三分之一。感染瘟疫的人，口鼻流血，脸色青黄，神志不清，样子非常恐怖。

因为感染人数众多，而且瘟疫又会传染，所以患病的死者往往会被匆匆埋葬。据说，有的人只是处于昏迷状态，就被下葬了。等他醒过来之后，又自己从棺木中爬了出来。人们以讹传讹，最后这些人演变成一群住在棺材里不死的吸血怪物。史托克的小说《德古拉》，让罗马尼亚的大公成为吸血鬼之王，并让这个形象深入人心。

现在的布朗城堡里展示了罗马尼亚本地各个时代的艺术品，但也许是心理作用，身处这座高大的石头建筑中，总让人觉得有些阴森、冰冷。城堡中至今还有闹鬼的传说，因为这里确实曾经死过不少人。也有人说，弗拉德·德古拉本人的鬼魂依然在附近徘徊。

德古拉以手段残忍著称，他处死过很多罪犯和战争俘虏，城堡里的墓地树立着一个个十字架，让人胆寒。

在奥匈帝国统治时期，布朗城堡归当时的统治者哈布斯堡家族所有。1947年12月30日成立罗马尼亚人民共和国后，城堡被政府收为国有，重新整修后，变为博物馆供人们参观。虽然弗拉德的年代早已逝去，但是“吸血鬼城堡”的吸引力却与日俱增。如果大公真的在天有灵，不知道他会不会对此哭笑不得。

离开布朗城堡，公路穿行在重峦叠翠的喀尔巴阡山中，罗马尼亚最著名的历史名城和一系列沉淀着古老而迷人的人文传说的风景名胜，像珍珠一样遍布在这条美丽的山脉中。我们回到美丽的多瑙河峡谷，在迷人的山城锡纳亚有罗马尼亚国王卡洛尔一世的夏宫——佩雷什王宫。

与军事目的的布朗城堡不同，这座宫殿庄严华贵，有高高的尖塔和装饰精美的水池，建筑物内部各处有千姿百态的精美石像。因为入主这座宫殿的国王是德国后裔，所以宫殿建筑可以看到日耳曼风格，里面有很多宽敞明亮的大厅，墙壁上装饰有大面积的油画，有一座大厅中还有大件的中国瓷器花瓶，中国瓷器曾是欧洲贵族王公中颇受欢迎的物品。

1866年，罗马尼亚联合王国国务会议做出决定，邀请德国亲王卡洛尔担任罗马尼亚的国王。欧洲贵族王室盘根错节，相互之间几乎都或多或少地有血缘关系，所以请他国的亲王来担任国王，在当时也并不罕见。

虽然吸血鬼的种种事迹是小说家的想象，但是这个故事太深入人心，即便是一处小小的门把装饰，也总觉得有种神秘、恐怖的气息。

在美丽的多瑙河峡谷中，罗马尼亚国王卡洛尔一世的夏宫——佩雷什王宫坐落在青山绿水之中。

成为罗马尼亚国王之后，卡洛尔不负众望。他对国家的治理相当不错，严明了法律，发展了经济，国家安定，人民生活显著改善。这位出身于德国贵族霍亨索伦家族的国王，依然怀念自己的家乡德国，所以他特地从德国请来两位设计师，为自己建造王宫。

这座庄严华贵的哥特式建筑始建于1873年，先后历经数十年才全部完工。佩雷什王宫宫殿华贵富丽，除了国王和他的家人居住的内宫，整个建筑群还包括国王处理政务的议事厅、办公室、宴会厅等，此外，还有供王室娱乐与社交的音乐厅、剧场，一共拥有数百个房间。在卡洛尔国王统治时期，罗马尼亚王国比较富强，所以宫殿装饰得十分豪华。不同的房间设计为不同主题，有德国、意大利、英国甚

这座宫殿的建造者罗马尼亚国王卡洛尔原是德国亲王，因为怀念家乡，他命人把这座宫殿设计为日耳曼风格。

佩雷什王宫内部精巧优美，与背后的高山浑然一体，被认为是欧洲乃至全世界最美丽的城堡之一。

至宿敌土耳其等不同国家的风格。卡洛尔国王爱好收藏各种兵器，宫殿里有一处专门陈列兵器的展厅，里面有15~16世纪欧洲和西亚的各种武器、盔甲等，甚至还包括来自印度等东方地区的藏品。

这座新文艺复兴风格的建筑也是位于山顶之上，它与背景中的高山浑然一体，被认为是欧洲乃至全世界最美丽的城堡之一。佩雷什王宫与布朗城堡一样，都是喀尔巴阡山中美丽的瑰宝，它们承载着罗马尼亚沉重而深厚的历史，让人们浮想联翩，感慨万千。

KAZANLAK 卡赞勒克：梦幻玫瑰谷

有一种神奇的液体，它能让衰老的女人重新得到少女般光滑细嫩的肌肤，它能让失眠者得到婴儿一样甜美而安稳的睡眠，它能让焦躁不安的情绪平复下来……只需要一两滴，就可以制造出1升的高级香水，而这种液体的价格，比同等重量的黄金还要贵，它就是神奇的玫瑰油。现在，我们就来到世界顶级玫瑰油的产地——保加利亚卡赞勒克山谷中的玫瑰产地，进行一次铺满鲜花的美好旅程。

玫瑰是保加利亚的国花，而玫瑰的最主要产地是国家中部，位于巴尔干山区的两条山谷之中。这两条相毗邻的山谷——卡赞利克和卡尔洛沃，因为种满了玫瑰，所以通常被人们称为“玫瑰谷”。玫瑰谷位于首都索非亚东南方向40多千米处，山谷向东西方向延伸130余千米，南北宽度为十几千米。每年夏天，这片狭长的土地就会变成一片玫瑰花的海洋。

玫瑰谷有一个美丽的传说。据说，上帝在向各国分配土地时，保加利亚人来迟了，地球上的土地都已被分配完了，保加利亚人向上帝陈述了自己的很多优点，恳求上帝给他们一片土地以生存繁衍下来。最后上帝说，那好吧，就把我的后花园给你们。从此，保加利亚人就得到了上帝土壤肥沃的后花园。之后有一天，美神阿弗罗迪特在花园中游玩的时候，不慎让玫瑰的刺划破肌肤，鲜血滴到土里，从此保加利亚便开满了娇艳欲滴的红玫瑰，而美神血染的土地不是别处，就在玫瑰谷中。

实际上，这个传说也不为过，因为玫瑰谷的气候温暖舒适，巴尔干山高大的山峦抵挡了寒冷空气的侵袭，而狭长的谷地又成为水汽通道，地中海温暖湿润的气候可以长驱直入，给山谷带来滋润的雨水。所以，保加利亚人总是自豪地宣称，他们得到上帝的垂青，拥有上帝后花园的美好土地。

玫瑰是保加利亚的国花，而玫瑰的最主要产地就位于国家中部地区的“玫瑰谷”。

到保加利亚游览的最佳季节是春末夏初，特别是每年的“玫瑰节”最不容错过。玫瑰节是保加利亚最盛大的民间节日，在每年六月的第一个星期天举行。这个时候是玫瑰花期即将结束的时候，人们会在花海中举行隆重的仪式，庆祝又一年玫瑰丰收的喜悦。

玫瑰谷中最主要的城市是卡赞勒克市（Kazanlak），每年玫瑰节时，不论是本地人还是外国游客都蜂拥到此，一睹节日盛况。玫瑰节期间，保加利亚人会穿上他们民族的传统服饰，盛装参加各种庆典，花车游行、民族舞蹈表演是必不可少的项目。能歌善舞的保加利亚人在大街上就会随着音乐翩翩起舞，让外来的游客分不清楚哪些是专门的表演者，哪些是即兴参加演出的观众。

在节日的众多活动中，最受人们欢迎的，当数“玫瑰王后”的评选。在每年玫瑰节之前，玫瑰王后的选拔赛就开始了。参加选拔的女孩子必须是“玫瑰谷”当地人，而且是当年高中毕业的漂亮女孩子。除此之外，参选的女孩还必须有古代色雷斯人血统。

传说美神阿弗罗迪特游玩的时候，不慎让玫瑰的刺划破肌肤，鲜血滴到土里，从此这片土地就开满了娇艳欲滴的红玫瑰，而美神血染的土地，就是现在的玫瑰谷。

每年的玫瑰节是玫瑰谷最重要的节日，保加利亚人穿起传统服饰，举行花车游行、民族舞蹈表演等各种庆祝项目。

色雷斯人是生活在欧洲中部地区的一个古代部族。在2800年前，色雷斯人的一个部落来到巴尔干山脚下的这片土地，他们定居于此，繁衍生息，是现代保加利亚人的先祖，如今山谷中还有色雷斯人留下的遗址。卡赞勒克市的市长说，玫瑰节不仅仅是一个庆祝活动，更是对我们自己民族文化传统的继承和宣扬。所以，“玫瑰王后”要拥有古老血统才行。

“玫瑰王后”的评选竞争是很激烈的，需要层层选拔。山谷中有17个村子，每个村子先自行选择，挑出一个女孩子参加最终的决赛。女孩子光有美貌是不够的，比赛中还包括服装展示、民族舞蹈、现场问答三个环节，经过精彩、紧张的角逐，最终选出才貌双全、表现最出众的一位，冠以“玫瑰皇后”的桂冠。

每次“玫瑰王后”的评选都是卡赞勒克玫瑰节最吸引人的华彩乐章，而成为“玫瑰王后”则是当地许多女孩子的梦想，所以每年都会有大量人报名参加。从这一点上来说，玫瑰节绝对不仅仅是为了吸引游客们的表演，而且是真正让每个当地家庭都可以参与其中的热闹庆祝活动。

经人介绍，我们见到了2008年的“玫瑰王后”瓦西列娜。她是一位19岁的美丽少女，来自距卡赞勒克不远的另一座历史名城普罗夫迪夫。

在接受我们采访的时候，她特意穿着美丽的民族服装。白色的衬衫外罩一件黑色的马甲，马甲上绣满鲜艳的玫瑰花。她下半身穿一条厚厚的红色长裙，裙外也系着一件五彩的刺绣的围裙。最有特点的是她的帽子，上面缀有五彩的飘带，装饰了很多玫瑰鲜花。美丽的传统服装，把这位女孩的美貌衬托得更加出众。

瓦西列娜告诉我们，在当选为“玫瑰王后”之后，要举行隆重的庆祝盛典和文艺游行，她要在游行中表演民族舞蹈，还要参加各种弘扬保加利亚文化的活动。她说：“我是第40届玫瑰王后，玫瑰王后是卡赞勒克市的一个象征，我的责任就是发扬这个城市的传统，让全世界都知道我们这个城市。”

凑巧的是，瓦西列娜这个名字本身就是皇后的意思。她说，“玫瑰王后”的评选标准除了才貌、智慧和艺术天赋外，特别注重一个人的道德修养和劳动技能。这个头衔很有当地特色，参选的女孩子必须身体健康、热爱劳动，并且能熟练掌握玫瑰种植、生产、采摘等许多本领。

瓦西列娜家里有玫瑰花田，她有空时也会到田地中工作。这位美丽的姑娘微笑起来漂亮、温柔，的确有一种玫瑰花般丰润、晶莹的美。采访的最后，美丽的“玫瑰王后”给我们跳起了传统的民间舞蹈，在欢快的乐曲中，服饰的彩带飘飘，就像玫瑰仙子一般。

2008年评选出的“玫瑰王后”瓦西列娜

玫瑰谷的很多花农坚持用传统方法制作玫瑰油，把新鲜的花瓣放入特制的炉灶中加热，提炼出珍贵的玫瑰油。

在玫瑰谷中，不管是城市还是乡村，娇艳的玫瑰花随处可见，红色、黄色、粉色、白色……玫瑰花不仅是深受保加利亚人民喜爱的国花，它也是一项重要的经济产业。现在，玫瑰谷每年生产2~3吨玫瑰油，主要销售到美国、法国、日本等国家，每年给国家创造大量的外汇收入。

玫瑰油里有200多种成分，主要用于香水、化妆品和制药，不管在哪个领域，卡赞勒克玫瑰油都是品质最好的。玫瑰谷中种植的玫瑰有一个专有的名字，叫“卡赞勒克玫瑰”。保加利亚玫瑰谷出产的卡赞勒克玫瑰油在国际市场上非常受欢迎，因为这种玫瑰油是全世界顶级的。

保加利亚的历史可以说是一部玫瑰飘香的历史。从12世纪起，保加利亚人就开始引种叙利亚大马士革玫瑰，16世纪开始利用玫瑰提取玫瑰水，1680年起开始提取玫瑰油。18世纪中期，保加利亚玫瑰油经土耳其伊斯坦布尔的海运，或经罗马尼亚布加勒斯特、奥地利维也纳的陆路运输出口到欧洲。到21世纪，保加利亚已成为世界上最大的玫瑰油生产国。

全世界各地都有种植和出产玫瑰的地方，而玫瑰品种也有几百个，为什么偏偏是保加利亚卡赞勒克玫瑰最适合提取玫瑰油而且品质最好呢？带着这个问题，我们走访了卡赞勒克市一所专门从事玫瑰油研究的科研机构。

早在100多年前，一位叫康丝坦汀·高尔基耶夫的年轻人就在巴尔干山下建立了一个种植玫瑰实验园，这就是卡赞勒克玫瑰研究所的前身。研究所的现任所长内德科夫是一位风趣幽默的人，对于我们的问题，他半玩笑地说，主要是靠上帝帮忙——因为上帝赐给他们世界上任何地方都无法媲美的、最适合栽种含油玫瑰的土地。原来，玫瑰谷的秘诀在于它独特的土壤、阳光、气候等条件。

保加利亚玫瑰分为观赏玫瑰和含油玫瑰两种，其中含油玫瑰是一种喜冷、怕热，爱阳、忌阴，耐肥而畏贫瘠的花卉。这种玫瑰的生长期和开花期均需足够的水，卡赞勒克玫瑰谷恰好提供这些条件。

玫瑰谷北边是高于谷地1600米的巴尔干山脉，能阻挡冬季南下的寒风，而南边山地又多缺口，地中海的暖湿气流顺其进入谷地，因此这里的气候常年温和，雨量适宜，再加上沙质土壤肥沃疏松，雨后不易积水，特别适合玫瑰品种的栽种，保持其花香和油性。

这里的玫瑰花还有一大特点，不能离开玫瑰谷。有人把同一品种移栽到其他地方，但开花之后，却提炼不出优质的玫瑰油，这又是为什么呢？原来，玫瑰谷最大的秘密在于独特的“巨大的温差”。

所长介绍说：“在玫瑰谷，玫瑰开花的时候晚上特别冷，然后白天特别热，温差特别大。夜晚寒冷时玫瑰花就会冷缩，从而分泌出油。油具有保温防寒作用，花瓣的油可以保护娇嫩的花朵。冷缩得越厉害，油分泌得越多。我们这里的昼夜温差最多能到20℃，有时玫瑰花上甚至会有冰。”

原来，玫瑰谷确实是得到了上帝的青睐，这种独特的气候是其他

大马士革玫瑰园里种有60多种玫瑰花。

地方不可替代的。如今，保加利亚玫瑰油被喻为“液体黄金”，其国际市场的价格是1公斤玫瑰油相当于1.5公斤的黄金，它的品质的珍贵在于，只要几滴便可制成高级香水。据说，1公斤高级香水只需加两滴玫瑰油即可制成。世界许多名贵香水经典品牌长久不衰的秘密，就源自卡赞勒克玫瑰油。

在乡间的玫瑰花田间漫步是一种美好的享受，被绽放的玫瑰花包围着，空气中满是好闻的花香。玫瑰的开花期从五月中旬到六月中旬，这期间主要靠人手工采摘花瓣。

为了能够最好地保存玫瑰的香味和油性，采摘玫瑰的最佳时间是在太阳还未出来的早晨。为了看花农如何工作，我们在一天清晨赶到玫瑰花田边。花田里采集花瓣的都是年龄不同的女人，她们腰间系着一个大口袋，将采集下来的花瓣直接装入口袋中。我们发现，不管年轻的女孩还是年长的妇人，她们大多都在鬓角插上一两朵玫瑰花做装饰。看来，在花田中工作，果然有其浪漫的一面。

产油的玫瑰以粉色为主，花朵犹如孩子的拳头大小，在玫瑰花中它们不算最美艳的，但是闻起来格外芬芳。女工告诉我们，玫瑰油都是从花瓣中提取出来的，而花瓣又非常娇弱，所以采集时不能使用机器，全靠女工们的巧手。玫瑰花带刺，年轻女孩有时会戴上手套保护纤纤素手，但是大多数人依然坚持传统，直接徒手采集。

我们走访了一位60多岁的玫瑰花农格里高尔，他拥有一座4亩的玫瑰园。他告诉我们，2000~3000公斤玫瑰花瓣才能榨取1公斤的玫瑰油。玫瑰油是花朵的精华，一大捧花朵才能榨出一滴油来。

收集的花瓣需要进一步加工。我们跟随格里高尔一起来到一个叫“大马士革玫瑰园”的榨油作坊。这个作坊是一座东方园林风格的别墅，一排西式小楼前是小桥、流水和亭阁。最引人注目的是满院盛开的玫瑰花，红的、黄的、紫的、白的，各种颜色的花朵争妍斗艳，让人陶醉。

格里高尔说，保加利亚玫瑰共有66个品种，这个庭院里一应俱全。原来这个不大的榨油作坊也颇有历史，它从1902年就开始生产玫瑰油，如今已经有100多年的历史。格里高尔之所以选择这家作坊，是因为这里一直坚持按照保加利亚最传统的制作工艺，无论从锅炉到器皿，还是从造型到材质上都保留传统的风格。

花瓣被倒入锅炉之中，下面用小火加热，再经过一系列的处

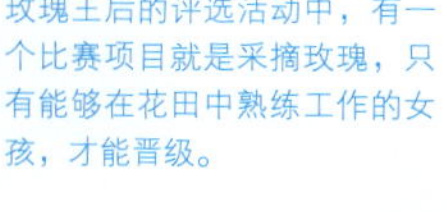

玫瑰王后的评选活动中，有一个比赛项目就是采摘玫瑰，只有能够在花田中熟练工作的女孩，才能晋级。

理，就可以产出珍贵的玫瑰油了，这个过程大约要持续4个多小时。格里高尔一家以种植玫瑰为生，每年可以加工玫瑰油1公斤左右，收入水平在全村属于中等。在玫瑰盛开的玫瑰谷之中生活，他感到非常骄傲。

现在，玫瑰产业成为卡赞勒克市的支柱产业。2001年，这里的玫瑰种植面积只有900公顷，经过5年的时间，现在已经发展到3600公顷。这里出产的顶级玫瑰油，气味醇厚圆润，质量上乘，向来被保加利亚人视为荣耀。

传说，玫瑰花是与爱神维纳斯同时诞生的，因此玫瑰也被视为爱情的象征。同时也象征着幸福与永远。在这蓝色的多瑙河流经的美丽国度，人们在童话般的玫瑰谷中过着幸福的生活。●

RUSE

鲁塞：水上丝绸之路

鲁塞（Ruse），一座保加利亚的北部边境城市，多瑙河从它身边静静经过，河对岸就是罗马尼亚的领土。在收集、调查资料时我们发现，关于鲁塞的中文资料少之又少，除了专门研究东欧政治、经济的专家，很少有人知道这个城市的名字。但是，我们在这里的港口，却发现了悬挂着中国国旗的船只。

这个发现非常令人意外。我们一行人辗转飞机、火车、汽车才来到这里，却没想到，在这遥远的欧洲内陆，居然有从中国一路行驶过来的货船。这艘船行驶的路线可谓曲折而漫长，要经过太平洋、印度洋、红海、地中海进入黑海，再顺着多瑙河深入内陆，才能到达这里。

鲁塞位于保加利亚的北部边境上，是一座重要的港口城市，多瑙河从它身边静静经过。

这就是鲁塞的特色。作为多瑙河上的一个主要港口，它是连接西欧与东欧的重要通道，来自遥远大陆、穿越广阔大洋的船只必须先来到这里，所载的千万宗商品货物要么继续前行，要么登上陆地，再在城市、乡村散布开去。从某种程度上说，这里就像一个微缩版的“丝绸之路”，最充分地展现了多瑙河在运输、商贸方面的功能。

对于保加利亚，多瑙河是其最重要的水系，这条大河从保加利亚最西北边的城市维丁一直流到东边，流经鲁塞，然后进入黑海。多瑙河上的这条水上丝绸之路，或许无法与中国古代的丝绸之路媲美，但它却用无限柔情，为多瑙河，为鲁塞，唱出了一首动人心弦的歌。

鲁塞是一个古典和现代交融的城市，最现代化的货运码头与古老的教堂、高塔交相呼应，而且这里的每一份繁荣都与多瑙河有关。交通航运一直以来都是各个国家发展的关键，便利的交通对于物资的分配、贸易的开展，乃至往来交流，都是最为活跃的因素。说起多瑙河，鲁塞人充满自豪，他们说，多瑙河流经鲁塞，给这个城市带来了无限的风光和机会，我们真是太幸运了。

鲁塞是一个重要的交通枢纽，它是连接西欧与东欧的重要通道，水路、陆路都非常便捷。图为鲁塞火车博物馆。

在鲁塞的码头，我们看到了一排排高大的吊臂，这些钢铁巨人，

АВТОКЪЩА

每天把货运船只上的集装箱搬上搬下，维持着港口的正常运转。港口的负责人向我们介绍说，鲁塞的位置非常好，这里的自然条件尤其适合建立港口、码头。

多瑙河流域非常广大，流经的国家和地区也很多，但是鲁塞有它的优势。从上游城市维丁到鲁塞这一段，河道宽阔，没有什么险滩激流，最重要的是，这一段河水深度足够深，可以让吨位大、运载能力强的大船航行。而且这里冬天也不太冷，河水不会结冰，所以港口常年都能工作。

对于保加利亚，多瑙河的航运功能和经济作用是十分显著的。通过多瑙河，可以把货物从欧洲运到亚洲，所以在这里看到来自中国的货船并不奇怪。现在，鲁塞和它的多瑙河航道在国家经济中起到了非常积极和活跃的作用。不算小的渔船和观光的游艇，光是大型货轮，每年都有四五百艘经过鲁塞，鲁塞河港因此起到了中转、集散货物的作用。

鲁塞城位于多瑙河南岸，河北岸就是罗马尼亚，一座宏伟的钢铁大桥飞跨在河流的两岸。这座大桥的桥身由灰色的钢筋建造，桥分为上下两层，可以同时通过火车和汽车。很多当地人把这座桥称为“友谊大桥”，因为它用最短的距离连接了保加利亚和罗马尼亚两国。

对于鲁塞城，这座桥也非常重要。因为鲁塞是一座重要的港口，起着货物吞吐、集散的作用，东欧国家的面积都不太大，单一国家的产品生产和消费能力都有限，这样的跨国大桥，一下子把鲁塞港的辐射范围扩大到罗马尼亚，进而影响到更北部的国家和地区。

这座“友谊大桥”于1952年动工，经过2年时间的建设，在1954年6月投入使用。桥梁全长有2.8千米，距离水面的高度为30米，下层是公路，供汽车和行人通行；上层是铁路，供火车通行。它是欧洲最长的跨国大桥之一。

鲁塞本身水路、陆路交通都很发达，这座大桥让城市如虎添翼。现在鲁塞是保加利亚重要的对外贸易中心之一，建有免税区和多家有重大影响的大企业。

这座桥被称为“友谊大桥”还有一个原因，因为它是巴尔干地区的一座重要的桥梁。在政治上，巴尔干半岛因为地理位置特殊，一直

V A R N A
瓦尔纳：美女之城

延绵的多瑙河流经火药桶“巴尔干半岛”，来到兵家必争之地黑海之滨，一路上经历了太多的血与火，河水里沉浸了太多的硝烟与弹药。现在，可以轻松一下了，因为我们来到了多瑙河下游的一颗明珠、著名的“美女之城”瓦尔纳（Varna）。

据说有人专门做过调查，让全世界的旅行者评选出遇到美女概率最高的城市，保加利亚的瓦尔纳市赫然进入前十名。黑海的阳光沙滩、多瑙河的柔波，再加上风姿绰约的保加利亚美女，在没到瓦尔纳之前，就已经让人无限向往。

瓦尔纳面临烟波浩渺的黑海，这片撒满银光的平静海面，经历过太多的战火硝烟。如今在此垂钓的人们，应该会更加热爱自己的土地。

瓦尔纳位于保加利亚东北部，它靠近多瑙河的入海口，临近博斯普鲁斯海峡，从地理位置上说，它是连接欧亚的纽带。保加利亚人说自己的国家是“上帝的后花园”，而瓦尔纳更是集中了上帝后花园里的精华。

瓦尔纳是保加利亚第三大城市，它沿着黑海的海岸铺展开来，洁白的沙滩镶嵌在大海与城市之间，现代的高楼大厦掩映在绿树丛中。这里是保加利亚的“夏都”。其实不只保加利亚人，每年夏季，沙滩上都会挤满来自各地的游客。

这里的海景不输于那些号称“天堂”的热带小岛，这里海水的颜色深浅不一，靠近海岸的地方有无限纯净的碧蓝，而稍远一些的海域，则是无限深邃的蔚蓝。原来，这也与多瑙河有关。多瑙河日夜不停地把大量淡水注入黑海中，所以它的入海口附近，海水盐度比较低，而海水盐度的高低又与水的颜色有关，所以，在瓦尔纳，大海的颜色分外丰富，为美丽的海景平添了一分浪漫色彩。

瓦尔纳是一个现代化的城市，走在街头，时髦的商厦、餐馆鳞次栉比。作为一个旅游、度假城市，城中各处充满了娱乐服务设施，

瓦尔纳是东欧地区著名的海滨旅游地，每年夏天都会吸引大量的游客。

GOLD STREET

ДРАМАТИЧЕН ТЕАТЪР
CHANGE

保加利亚地处欧洲东南部，是亚洲与欧洲的交会处，这里的人口构成多元，汇集了不同种族、文化和宗教的人群。

商店橱窗里的商品琳琅满目，沿着海滩，豪华的度假酒店一家接着一家。喜欢热闹的人，可以夜夜流连于沙滩边的酒吧；偏好安静的人，也可以去郊区那些度假村和别墅，享受那里质朴的环境。

不过，不管是喜欢热闹还是喜欢安静的人，都会乐意做一件事——就是欣赏街头人物。说来有意思，很多旅游胜地吸引人的是风景或历史，而在瓦尔纳，观赏街头行人却是一件非常有意思的事，因为这儿是著名的美女之城。

保加利亚地处欧洲东南部，是亚洲与欧洲的交会处，所以这里的人种血缘比较复杂。追溯起来，保加利亚人身上融合着来自欧洲和亚洲的不同基因。正是这种多元化，让保加利亚人兼具了东、西双方的特点。而瓦尔纳是一个开放和时髦的城市，这里的姑娘们非常会打扮，善于展示自己的美貌，怪不得很多法国、意大利、乌克兰的游客宁愿放弃自己国家的海滩，非要到这里度假。

来到瓦尔纳，我们也入乡随俗，坐进一家露天咖啡馆，开始留意路上的行人。不可否认，这里帅哥、美女的比例真的是很高。这里的姑娘，多是浓密的深棕色头发，略略带着波浪，自然卷曲，五官精致，鼻梁高挑，眼睛大而深邃。与西欧或俄国人相比，这里的姑娘身材要娇小一些，苗条却不失曲线。

瓦尔纳街头

瓦尔纳是著名的“美女之城”，走在街头，遇到漂亮姑娘的概率非常之高。图为在街头写生的保加利亚少女。

不光是外貌姣好，很多姑娘的脸上都带着自然而亲切的微笑，当她们从身边走过，真让人有如沐春风的感觉。一个来过这里的中国记者形容，这里的姑娘亲切友好，既有欧洲人的热情，又有东方人的温柔，更融合了保加利亚人的纯朴，格外让人心动。

瓦尔纳地区有悠久的历史，这里有众多古代遗迹。在罗马帝国时期，这里曾经成为罗马的附属国，这是一处古罗马浴场遗址。

其实不只姑娘，这里的小伙子也同样非常帅气，高挑挺拔的身材，明亮的眼神，加上在海边晒成的健康肤色，同样让人赏心悦目。难怪游客们形容，瓦尔纳是一座非常“养眼”的城市。而且据说这里的跨国婚恋很多。在这样迷人的海景中，满地帅哥、美女，浪漫故事发生的概率要远远超过其他地方。

除了年轻人，这里其他年龄段的人都各具魅力，尤其是那些孩子，一个个都像洋娃娃一样，好像是从童话故事里走出来的小天使，让人见了就忍不住想去抱抱、亲亲。至于这里的人为什么这么好看，当地人回答说，一方水土养一方人，我们这里山好水好大海好，于是人也美好。

瓦尔纳人也知道利用自己的优势。这里经常举办各种活动，包括选美大赛等，都非常受游客的欢迎。瓦尔纳人很聪明，知道光利用“天然资源”还不够，他们还努力把自己的城市打造成一座文化、艺术中心，经常举办各类艺术节。

现在，除了本民族的节日，瓦尔纳还自创了很多“节”，包括音乐节、戏剧节、海洋文化节等，其中最著名的就是“瓦尔纳之夏”国际音乐节了。“瓦尔纳之夏”创建于1926年，它已经是欧洲历史最悠久、最负盛名的音乐盛典之一。

这个音乐节以古典、经典作品为主，除了交响乐团，还有芭蕾舞、歌唱表演等众多项目，演员来自世界各地，这个音乐节也吸引了全世界的专业人士及音乐爱好者参加。在美丽的海边欣赏高水准的音乐演出，给城市的魅力大大增分。

除了演出和展览，瓦尔纳还有一项重要比赛——每两年举行一次世界青年歌手比赛。说起这个比赛，还有一个有意思的传说。据说在公元3世纪的时候，瓦尔纳地区曾经出现过一位伟大的歌手，名叫奥尔菲，是古代色雷斯国王的后裔，具有非常优美动听的声音。据说每当他展开歌喉，大山都会倾听，岩石都要低头。现在瓦尔纳举办的青年歌手比赛，也是为了纪念这位歌唱家。

不要以为时髦的度假地就会缺乏文化底蕴，实际上，瓦尔纳有着悠久的历史。瓦尔纳所在的位置四季分明、气候宜人；既临近大海，又有多瑙河连通内陆。早在9000多年前，这里就有人居住。这里还发现了一座公元前4000多年的陵墓遗址，当时是人类的青铜时代。现在，在瓦尔纳城内外有不少处考古发掘遗址。

保加利亚政府对瓦尔纳的考古发掘也非常重视，因为这里是欧亚大陆的交会处，几千年来，各个民族在瓦尔纳相互交流、融合。对早期历史的研究，不但可以解决本民族人口来源的问题，还能了解许多史前时代先民们迁徙、扩散的路线等重要信息。

这里出土的青铜器和陶器非常精美，其制作工艺的高超程度，不逊于古埃及等著名的古代文明。考古学家说，因为这里自然条件非常好，适宜人类生存，居住在此的古人生存压力不是很大，所以他们可以投入更多精力在制作器具等手工劳动上。这里出土了一些精致的黄金制品，其精细程度令人惊叹。这些宝贵的文物对研究当时的历史和文化，都有着极其重要的作用。

瓦尔纳地区以色雷斯文化遗址著称。如果研究欧洲历史，“色雷斯”是一个经常能听到的名字。色雷斯既是地名，也是一个种族、文化的名字。色雷斯地区位于欧洲东南部，即现在的保加利亚南部、希腊北部，还有亚洲土耳其在欧洲的一部分，它分别位于黑海、爱琴海的沿岸。

生活在这一地区的人被称为色雷斯人，因为他们的分布范围在历史中不断变化，所以“色雷斯地区”包含的范围也随之变更。不过，其主要位置就在多瑙河的中下游地区（今天保加利亚境内），而其文化、经济的核心地区，就在保加利亚的平原地带。

在希腊神话中，色雷斯人是希腊战神的后代，据说战神阿瑞斯的儿子特亚克斯最早迁居到这里。在著名的荷马史诗《伊利亚特》里，还提到过色雷斯人协助特洛伊人打仗的故事。除去神话的部分，这些故事其实反映了真实的历史，古色雷斯人与古希腊人有着千丝万缕的联系。

色雷斯人的活动始于公元前数百年内，他们以骁勇善战著称，分散成众多比较小的部落和族群。在公元前4世纪的时候，色雷斯人中出现一位杰出的人物，联合起各个部族，形成了一个色雷斯人国家。

由于希腊文明的灿烂辉煌，在很长时间里与它临近的色雷斯文化就显得黯淡很多了，他们是一群在山顶驻守堡垒，在山间种植、放牧的民族，有时候还会被希腊人称为“野蛮人”。但是现在的考古发现证明，古代色雷斯人有着相当高的文化水平，从他们制作的金属器皿和艺术品来看，这群人有着较高的文化，特别是在音乐、诗歌、手工业等方面都取得了不少成就。

色雷斯人深受希腊文化影响，但是他们依然保留着自己的语言和文化。所以现在学者认为，在希腊文化辉煌期之后，色雷斯文化在东南欧的影响力有可能超过当时的希腊。在罗马人崛起的公元元年前后，色雷斯成为古罗马帝国的附属国，并且协助过罗马军队向外扩张。

色雷斯人尚武，以英勇善战著称。所以在出土的文物遗迹中，经常能见到武器或与战争相关的物品。在瓦尔纳的博物馆中，我们看到了本地发现的色雷斯人武器，包括长矛、标枪、弓箭等。使用标枪是色雷斯战士的“绝活儿”，向敌人抛掷标枪，大大提高了军队的攻击范围。现在体育项目中的“标枪”一项，其实就是从古代战争中演化而来的。

在公元5世纪左右，罗马帝国开始衰落，色雷斯人暂时摆脱了罗马人的统治，但是很快又被来自西部的日耳曼人征服。在之后的1000多年中，多瑙河下游的这片富饶土地经历了无数次战争，不同的文化、种族来了又走。甚至13世纪时，来自遥远东方的蒙古人也入侵过这片区域。

这是一幅展现19世纪瓦尔纳海滨生活的版画，图中船只往来频繁，并有商贩在港口附近交易货物，可见在当时，瓦尔纳就已经是一处繁忙的商业港口。

在文化迥异的统治者轮番洗劫之后，古代色雷斯文明逐渐泯灭了。但是，现在的保加利亚人依然致力于对这种古老文化的追踪和研究，毕竟，他们如今生活的这片土地是古代色雷斯人留下的，而居住在这里的现代居民与那些古代人依然有着割不断的血缘关系。

在瓦尔纳的最后几天，我们去参观了古代色雷斯人的遗址，对这座时髦、现代的都市有了新的认识和了解。现在，瓦尔纳是保加利亚在黑海的最重要的港口，这里商贸活动非常活跃。说到这座城市时，好几位东欧历史、政治的专家都谈到，他们认为瓦尔纳是一座极具发展潜力的城市。

瓦尔纳，一颗汲取了多瑙河精华的明珠，顺流而下坐落在黑海边上。也许你会因为这里的迷人景色而流连忘返，也许你会因为这里美女的窈窕多姿而情陷其中，也许你会因为这里商业的繁荣而感到商机无限……而无论你是怀着什么样的目的，当你来到这个拥有“美女之城”、“黑海明珠”之称的瓦尔纳时，你都会为它痴迷，久久不愿离去。

B UCURESTI

布加勒斯特：欢乐之城

在多瑙河下游、美丽的黑海西岸有一片富饶的土地，这里气候宜人，土地肥沃，在罗马帝国时代就曾经有过辉煌灿烂的一页。同时，这里处于不同文化、宗教、政治势力的夹缝中，又发生过太多血与火交织的故事。跟随着多瑙河的波涛，我们来到了这片富有神秘色彩的土地——罗马尼亚。

罗马尼亚的首都布加勒斯特（Bucuresti），是一座古典又现代的大城市。典雅的音乐厅、高耸的大教堂与背后时髦的摩天大楼并立；宏伟的共和国宫、议会宫，则以精致、优美的喷泉为衬托；在一幢幢老式的建筑前，马力十足的豪华跑车飞驰而过；在纪念战争英雄的广场上，老人们面容安详地看着喂鸽子的儿童……

布加勒斯特又被称为“欢乐之城”，在罗马尼亚语中，这座城市的名字读作“布库尔什蒂”，为欢乐、愉快之意。关于这个名字的来由，还有一段小故事。相传在公元13世纪的时候，有一个牧羊人从远处的喀尔巴阡山赶着羊群，沿着登博维察河来到这里。他发现，这片土地水草丰美，格外适合居住，于是就定居下来。

这个牧羊人名叫布库尔，他追随的登博维察河，便是多瑙河的一条支流。从他开始，不断有人迁居到这里，人口不断增加，逐渐形成了一座小城镇。因为牧羊人布库尔是这片土地最早的定居者，为了纪念他，人们在城中修建了一座以他的名字命名的教堂。布库尔这个名字慢慢地成为城镇的名字，后来就演变成为现在的“布加勒斯特”。现在，在登博维察河畔，依然还保留着一座名叫布库尔的小教堂，只不过它是否真的是原先那座，已经不好考证了。

罗马尼亚国土的形状近似椭圆，布加勒斯特位于东南部瓦拉几亚平原的中央地带，多瑙河的支流登博维察河从西北穿城而过，将城市一分为二，而城内外又有十多个大小不一的湖泊。美丽的水景，给这

罗马尼亚的首都布加勒斯特，又被称为“欢乐之城”，在当地语言中，这座城市的名字读作“布库尔什蒂”，为欢乐、愉快之意。

座“欢乐之城”增添了不少韵味。

作为首都，布加勒斯特是罗马尼亚的政治、文化、经济中心，也是一座历史悠久的城市，除去牧羊人的传说，早在1459年罗马尼亚大公国时期，它就是一座要塞。100多年后，这里就已经是一座拥有超过40座教堂、修道院以及众多建筑的大城市。

在17世纪，这片土地属于瓦拉几亚公国，当时的布加勒斯特就已经晋升到公国首都的位置。后来，瓦拉几亚和临近的摩尔多瓦公国合并，成为一个新的国家——罗马尼亚。到了1862年，这里成为罗马尼亚的首都。经过两次世界大战和近代东西方两大阵营的对立，罗马尼亚的政局起伏摇摆，但是布加勒斯特一直是国家的政治和文化中心。

布加勒斯特冬日的街景

布加勒斯特虽然名叫欢乐之城，但是在近现代，让这座城市乃至整个国家最出名的事，却都与战火、冲突有关。城里的党中央大厦广场并不是一个“景点”，但是却因为一场席卷全国甚至震惊世界的大事件闻名于世。

说到罗马尼亚，便始终不能绕过齐奥塞斯库这个名字。这个名字记录着一个人和一个时代的终结。齐奥塞斯库大起大落、急转直下的命运，其背后隐藏着东西方两大阵营错综复杂的关系，是那个时代最让人唏嘘的一段历史。

党中央大厦广场曾经是高层政要商讨国家大事的地方，多少推动国家发展、牵动数百万人生死幸福的决定，都是在这里制定出来的。如今，这里已经改建成文艺演出、艺术展览的场所，20年前发生的“十二月风暴”，似乎已经烟消云散。

但是，人们怎么会忘记呢？齐奥塞斯库，曾经的“一国之尊”，掌控着整个国家强权的人物，却在转瞬之间被暴动的群众推翻，夫妻双双被处决。这样的惊天巨变，只发生在短短几天之内。

对于上点年纪的中国人，齐奥塞斯库这个名字并不陌生，他作为罗马尼亚的领导人，曾经5次访问中国。对罗马尼亚人来说，他既是历史的创造者，也是铁腕的独裁者，毁誉参半，不能一概而论。

布加勒斯特的寺院内部金碧辉煌

想了解这位传奇人物的生平，要从离首都布加勒斯特几十公里外的一个小山村开始。齐奥塞斯库的故乡在一个叫斯科尔尼切什蒂的小村里，现如今，他的故居已经破旧不堪，荒草丛生。1918年1月26日，尼古拉·齐奥塞斯库诞生在这里，他们一家兄弟姐妹9人，是一个贫苦而热闹的大家庭。

在齐奥塞斯库当上国家领导人之后，曾经有人建议修葺一下他的故居的房子，但是他没有同意，他说："如果有人来看我们在什么地方长大的，没有必要粉饰装潢，应该告诉大家我就是在泥地里长大的。"

穷苦农民出身的齐奥塞斯库，刚满13岁时就离开了家，就像当时很多农村孩子一样，到大城市里讨生活。他来布加勒斯特时，在一家作坊中当学徒。这次进城，改变了他之后的人生道路，甚至改变了罗马尼亚的国家命运。

第二次世界大战爆发，德国的法西斯政权势力很快蔓延到罗马尼亚境内，当时的政府参加了德、意、日法西斯同盟。还是个孩子的齐奥塞斯库参加了反法西斯的斗争，年仅15岁就几次遭到当局的逮捕。因为政治上活跃，1943年，年仅25岁的他被当做政治犯关押进集中营。在那里，他与罗马尼亚共产党的成员秘密接触，逐渐成为罗共的核心领导人物之一。

1944年，苏联红军进驻罗马尼亚，支持当时的罗马尼亚共产党一起加入反德国法西斯战争。第二年，罗马尼亚原先的政府被推翻。1947年12月30日，罗马尼亚人民共和国宣告成立。在新的政府中，齐奥塞斯库担任了罗马尼亚共青团中央总书记的职务。

1965年，罗马尼亚共产党的领导人乔治乌·德治逝世。时年47岁的齐奥塞斯库接任党中央第一书记的职务。同年，通过新宪法，改国名为罗马尼亚社会主义共和国。在罗共第九次代表大会上，齐奥塞斯库成为罗马尼亚共产党的总书记。到了1974年，他登上了权力的巅峰，被选为国家总统，身兼多个要职，成为国家实际的掌控者，并且开创了罗马尼亚历史上一个新的时代。

一些中年人回忆说，在齐奥塞斯库统治时期，报纸、电视经常鼓吹这一个"黄金时代"，并把那段时期与罗马尼亚历史上几个比较辉煌、富强的时代相提并论。实际情况又是怎么样的呢？平心而论，那段时间确实是整个国家经济建设飞速发展的一个阶段，现在罗马尼亚的一些重要设施，包括公路、电站等，都是在那个时候兴建的。从这个角度来说，齐奥塞斯库的统治有他积极的一面。

但是，经济发展和国家建设并不能掩盖一切，齐奥塞斯库实行独裁统治，施行高压政策。他排除异己，特别是对一些少数民族实行不公平政策，这引发了众多社会矛盾。而他本人以及其家人的奢华生活，更是与当时普通老百姓的日子天差地别。

掌控着党、政、军和传媒的齐奥塞斯库如日中天、风光无限，他的照片、雕像在罗马尼亚随处可见，他写的著作在书店铺天盖地。但是社会矛盾已经在暗中一点点激化，民间反对的声音逐渐高涨，直到发生了著名的“十二月风暴”。

事情的起因是一位神父。这位神父名叫特凯什·拉斯特，他是罗马尼亚西部城市蒂米什瓦拉的一个匈牙利族持不同政见者。罗马尼亚是一个多民族国家，人口以罗马尼亚族人为主体，匈牙利族算是一个少数民族。这位神父反对政府以及当政的齐奥塞斯库，发表过不少言论。为了缩小他的影响力，齐奥塞斯库政府决定把他从城市驱逐出去。

罗马尼亚有着深厚的天主教传统，而拉斯特神父又有广泛的支持者，加上原本就有人对当局持不满情绪，神父的信徒和很多百姓自发地保护神父，最终导致人们与执行命令的警察发生冲突。

冲突发生在1989年12月，导火索一点燃，局势很快就发生了变化。当时，拉斯特的支持者与警察发生冲突后，很快演变为反对政府、反对齐奥塞斯库统治的政治运动。而齐奥塞斯库则立刻出动了警察和军队，对反抗者进行武装镇压。

事件的中心很快从外省转移到首都布加勒斯特。中国前驻罗马尼亚大使徐坚讲述了他当时在首都的见闻。他说：“我记得是21号上午，在首都市中心的广场要开一个群众集会，声讨外地的叛乱，当时显示群众还是支持他的。结果就在集会上，会开到一半的时候，突然在某个角落里就喊出了打倒齐奥赛斯库的口号。”

本来是一个声讨叛乱的集会，却演变到相反方向，抗议者借此机会，发出了自己的呐喊。警察立刻对抗议者武力镇压，但是因为集会正在被电视台直播，所以警察现场的行为，也通过电视信号，统统被实况转播到千家万户。从此局势变得不可收拾。曾经在群众大会上一呼百应的齐奥塞斯库，以为还能像平时一样再次发挥他的威力，却怎么也没有想到，广场上迅速形成反抗他的巨大浪潮。

徐坚大使回忆说："21号晚上，一批学生和知识分子在市中心大学广场集会，22号开始陆续有工人参加。警察已经挡不住了，就派部队，并动用了坦克和装甲车。"

齐奥塞斯库立刻调集军队镇压暴动的民众，当时的国防部长米莉亚拒绝执行命令，不久，他就开枪自杀，以死殉国明志。米莉亚的死讯更是加剧了局势的动荡，而继任的国防部长则调动军队，开始了镇压行动。

但是群众的怒火已经被点燃，不是那么简单靠武力就能熄灭的。在党中央大厦中，齐奥塞斯库看到示威的人群高喊反对自己的口号，他终于预感到自己大势已去，事情已经不可挽回了。他与妻子在慌乱中制订了逃亡计划，调来直升飞机，从党中央大厦楼顶的停机坪逃亡至首都郊外的总统别墅。

多瑙河的支流穿城而过，将布加勒斯特一分为二，而城内外又有10多个大小不一的湖泊，丰富的水景给这座"欢乐之城"增添了不少韵味。

与此同时，一个新的政党——罗马尼亚救国阵线诞生了，它的领导者是伊利埃斯库，曾经是罗马尼亚共产党人，因为与齐奥塞斯库不和而被排挤出党外。

12月23日，示威的群众越来越多，而军队却撤回了兵营，不再执行命令，他们站到人民群众一边，不再充当独裁者的刽子手。失去军队的支持，齐奥塞斯库失去了最后的王牌，回天乏术了。他乘直升机继续逃亡，而直升机的驾驶员则故意泄露行踪。很快，这位几天前还意气风发、在万人广场前演讲的国家元首沦为阶下囚。

12月25是一个天气阴冷的圣诞节，罗马尼亚整个国家陷入混乱，丝毫没有往昔圣诞节的欢乐气氛。电视台转播了震惊世界的消息——罗马尼亚前总统齐奥塞斯库以及他的妻子，被审判并执行了枪决。电视画面播放了他们夫妻二人横尸街头的影像。

这个消息就像重磅炸弹，毕竟是一个国家的领导人，居然就这样飞速地被执行了枪决，即便是推翻政权，这样极端的措施也并不常见。多年以后，罗马尼亚救国阵线的领导人伊利埃斯库接受访问时谈到，当时，对齐奥塞斯库夫妇执行枪决也是迫不得已的。

中国前驻罗马尼亚大使徐坚同意这一说法，他告诉我们，在齐奥塞斯库出逃前后，整个罗马尼亚局势十分混乱，首都和很多地方都在

鲜花象征着美丽与温柔，这座城市经历了战火的洗礼，终于如鲜花在阳光下成长。

混战，军队、警察和平民百姓死了1000多人。但是25日电视上播放齐奥塞斯库夫妇被枪毙的镜头后，各地马上停火了。从恢复社会秩序的目的来说，立刻处决齐奥塞斯库夫妻确实起到了很大作用。

从一国之尊到横尸街头，齐奥塞斯库为什么落得如此下场？他的死成为一段敏感而无法尘封的沉重岁月，是罗马尼亚整个国家的伤口，而且至今依然会隐隐作痛。在齐奥塞斯库主政的20余年间，罗马尼亚建设起庞大而齐全的国民经济体系，从宏伟的铁门水电工程、黑海–多瑙河运河，到遍布全国的城乡建设……

新华社驻布加勒斯特分社首席记者陈进说："有一次罗马尼亚新闻代表团到中国访问，当时我当翻译。我们的一位中方领导要他们介绍一下罗马尼亚现在的情况，其中也谈到了齐奥塞斯库。他们是这么说的，如果你有机会到罗马尼亚访问的话，所看到的一切，除了山川河流之外，其他的东西，90%都是齐奥塞斯库时代建的。"

齐奥塞斯库也是东欧国家里非常有个性的一个人物，他坚持奉行独立自主的政策。在东欧社会主义阵营中，一直有别于其他国家，除了独立于莫斯科的之外，还保持了罗马尼亚的主权完整。不光是抗衡西方，他跟中国一直保持着非常良好的关系，在东西方对抗时，齐奥塞斯库还出来调停。

1970年，齐奥塞斯库赴纽约参加联合国大会并对美国进行访问，尼克松总统在会见他时说，他很希望同中国领导人见面，解决中美之间的关系问题，同时解决越南战争的问题。齐奥塞斯库及时地把尼克松的口信转告中国领导人，由此推动了中美两国开始打开关系正常化的大门。

这样"有作为"的一位领导人，又如何变成人民群众反对的对象呢？齐奥塞斯库以绝对的权威驰骋于罗马尼亚政坛，到20世纪70年代，对他的个人崇拜也开始盛行，他被誉为"喀尔巴阡山的天才"。从70年代末开始，他就听不进别人的意见了，把自己凌驾于党和国家之上，什么事情都是他一个人或者他们夫妇说了算。

徐坚大使介绍说，从80年代开始，罗马尼亚人民的生活越来越苦，原因是齐奥塞斯库在70年代为了大力发展国民经济，借了很多外债，准备用几年的时间把所有的借款还清。这对罗马尼亚人影响相当大。

外债用什么还？罗马尼亚当时的发展没有侧重点，重工业、轻工业、农业，万事皆兴，但是生产的产品不精，在国际市场竞争力不足。为了筹集外汇，只能卖农产品。当时罗马尼亚大量出口小麦、玉米、奶制品等农副产品，来换外汇还外债，导致挤压国内市场，所以当地的老百姓就买不着这些东西了。

罗马尼亚的气候相对来说算比较温和，但是冬季气温也有0度左右，连续几年，人们过着缺吃少穿的生活，特别是冬天。尽管老百姓常年生活在挨饿受冻之中，但齐奥塞斯库一家仍然居住在巴洛克宫殿式的豪华建筑物中，过着足以与昔日王公贵族相媲美的生活……

罗马尼亚的外债最终虽然还清了，但人民的忍耐力也到了极限，隐藏的政治、经济危机开始大爆发，导致了齐奥塞斯库时代的终结。其实，在80年代，东欧大地已处在体制剧变的动荡之中。1989年11月，罗马尼亚体操明星科马内奇出逃美国，这被认为似乎是齐奥塞斯库政权覆灭的前兆。

现在，布加勒斯特城里矗立着为纪念“十二月风暴”而建的复兴纪念碑，这座高高耸立的箭头，斜刺天空，而纪念碑底部，则有一些深色的身影，似乎要走上去。人们无法忘记那段风云激荡的历史。体制剧变后，在人们心中，齐奥塞斯库并没有成为过去，由他身前身后所引发的一系列争论和思考从没有停止过，而且随着岁月的流逝，人们对他的看法发生着微妙的变化。

新华社的陈进记者说：“在1989年以后那几年，在各种活动、报刊、电视媒体上，声讨、揭发齐奥塞斯库恶行的内容频频出现。但是这两年，声讨他的声音越来越少了。这大概反映出人们已经看到了一些更现实的问题，而不是什么东西都往他身上推了。”

对于齐奥塞斯库，罗马尼亚人的心情可谓五味杂陈。一方面，人们痛恨他生前的专制统治；另一方面，在体制剧变的阵痛中，人们又不得不感念今天支撑着罗马尼亚国民经济运转的许多大型能源、交通项目，都是齐奥塞斯库时代的产物。

例如，位于罗马尼亚、塞尔维亚边境上的铁门一号水电工程，是两国从1964年9月开始联合兴建的，于1972年5月建成投产，水电工程的拦河大坝长1200多米，高76米。发电总容量达210万千瓦，并从根本上改变了多瑙河峡谷中急流险滩阻滞航运的局面。

Stavropoleos教堂里正在举行婚礼。

在布加勒斯特城中这样的例子更多。城中的议会宫是一座宏伟庄严的建筑，它是齐奥塞斯库当政期间修建的。在齐奥塞斯库政府刚被推翻时，有很多人提议把它炸掉，因为它代表着齐奥塞斯库的独裁统治。而现在，这座堪比美国五角大楼的庞大建筑，被认为是“罗马尼亚20世纪中最伟大的建筑”。

已经不再被“妖魔化”的齐奥塞斯库重新出现在人们怀旧的视野中，不过，大多数的罗马尼亚人对他还是非常敏感并且不愿提及。华东师范大学国际关系学院院长冯绍雷教授说，罗马尼亚人的沉默是另一种反思——齐奥塞斯库本人也曾经是风云一时的人物，但是恐怕在内政管理上，有欠允当，在处理跟人民的关系和党内矛盾等问题上也不是没有缺点，但是他不该得到这样一个蒙受屈辱的结局。

历史是无法抹去的。在布加勒斯特市郊，有一座叫根恰的公墓，齐奥塞斯库和他妻子埃列娜的墓地就隐藏在一个偏僻角落中。这个墓穴普普通通，跟一般平民的没有两样，但是在每年齐奥塞斯库生日那天，这里总会摆满鲜花。

今天的罗马尼亚已经加入了欧盟，用罗马尼亚人的话来说就是，这个流淌着古罗马人血液的拉丁民族重新回归了欧洲。现在的布加勒斯特市繁荣而热闹，让人难以想象20多年前，这座城市中发生街头巷战时的情景。

比较有意思的是，我们在这里还发现了一条以“北京”命名的大街，这是2006年布加勒斯特市与北京签订建立友好城市关系协议后新命名的。“北京大道”不算太长，它连接着罗马尼亚国宾馆以及中国驻罗大使馆，两侧分布着风景优美的公园。

两国的友好关系也促进了华商在罗马尼亚的贸易行为。在布加勒斯特东南郊，有一座“红龙市场”，这里俨然是一座中国城，罗马尼亚几乎90%以上的“中国制造”都是通过这里流向罗马尼亚各地及邻国。

中国驻罗马尼亚大使刘增文介绍说，20世纪90年代前，在罗马尼亚定居的中国人屈指可数。随着时代的变迁，越来越多的华人来到罗马尼亚，来到这个对他们来说还是神秘而陌生的国家。1989年之前，我们的华侨不是太多，也就是几十个，主要是中华人民共和国建立前从俄罗斯过来的。1989年之后，陆陆续续的又有一些中国人到罗马尼亚，他们大部分居住在布加勒斯特，以经商、务工为生。最初，中国人来的时候，大部分都是大包小包，肩挑背扛的来到这儿做生意。2003年，布加勒斯特的东南郊区兴建了批发市场“红龙”，成为本地一大商品集散地之一，很多中国人都去那里做买卖。

现在的红龙市场今非昔比，规模依然十分庞大，商品更加琳琅满目。这个市场极大地活跃了罗马尼亚的商品经济发展，促进了罗马尼亚的经济繁荣，也为华商们带来了可喜的经济效益，同时成为东欧地区一个重要的商品集散地。

齐奥塞斯库的墓地

布加勒斯特是一座古典又现代的大城市，繁华的同时，也保留着安静、休闲的一面。

我们在布加勒斯特市内也拜访了一些华商，他们有做外贸生意的，也有开饭馆的。在罗马尼亚，无论是“中国制造”的商品还是中餐馆，都很受当地人欢迎，很多华商已经在这里创出一番天地。

布加勒斯特的街头阳光明媚，这个历经痛楚如今涅槃重生的城市，正走上生机勃勃的道路。罗马尼亚人、中国人、俄国人、匈牙利人……各种各样的人在这座城市中找到了自己的位置，过着或忙碌或安逸的生活。那些留在高大建筑外墙上的弹孔，几乎不会再被人们注意到。这座欢乐之城，不忘过去，是为了明天走得更好。

MOLDOVA

摩尔多瓦：葡萄酒王国

对于很多中国人来说，摩尔多瓦这个名字也许有点陌生，但如果你是一名葡萄酒爱好者，那么曾有“苏联的酒窖”之称的摩尔多瓦绝对是一块不可错过的洞天福地。绵远悠长的多瑙河流经摩尔多瓦的长度只有几百米，然而这小小的一段河水实际上滋润着欧洲最肥沃的黑土地，哺育着这个居住了众多民族的多文化国家。

摩尔多瓦（Moldova）共和国位于欧洲大陆的东南隅，它面积不大，国土3.38万平方千米，大约相当于两个北京市。国家人口也不多，还不到400万人，但是这些国民中却有复杂多样的民族成分，除了占全国人口65%的摩尔多瓦族人，还有其他17个民族。这些少数民族各自拥有不同的文化和习俗。

摩尔多瓦就是一个混血和多元的国家，走在摩尔多瓦首都基希讷乌的街头，随处可以感受到多元文化交融、碰撞的气氛。街上的行人们皮肤、头发、眼睛的颜色各异，甚至操着不同的语言，但是这不妨碍他们融洽相处。

一位摩尔多瓦朋友告诉我们，在他们国家里，经常见到同一个家庭的成员说好几种语言。不过，对于普通人来说，多元文化还有一个意外的好处——因为各个民族都有自己的传统节日，于是这些节日都成为全国统一的假期，于是摩尔多瓦人享受着更为丰富的节假日。

而且摩尔多瓦在文化上也呈现出“混血”的特征，这主要与摩尔多瓦地处的特殊位置有直接关系。摩尔多瓦位于罗马尼亚和乌克兰之间，历史上曾分属罗马尼亚和苏联，往更久远的历史上说，这片平原与丘陵间隔的肥沃土地，处于欧洲西方世界和中亚东方世界的夹缝中，不同的文化、传统、种族在这里交会。

在基希讷乌漫步，可以明显感受到斯拉夫文化和罗马文化在这里留下的烙印，不论是街头的建筑还是居民们的精神面貌，无不呈现出这种特色。为了协调不同民族之间的关系，摩尔多瓦成立了一个专门

摩尔多瓦的葡萄庄园一派田园风光

摩尔多瓦位于欧洲大陆的东南隅，是一个多民族、多文化并存的美丽小国。摩尔多瓦有着温和的气候、充足的日照、优良的水土，全国还有超过2000个天然泉眼，是一片受到上帝垂青的富饶土地。

的机构——摩尔多瓦民族关系局。该局的局长告诉我们，民族文化融合的过程虽然不乏血与火的争斗，但是总体来说，不同文化带给摩尔多瓦的影响是正面而且积极的。

与许多欧洲城市街头最常见的咖啡馆不同，摩尔多瓦首都基希讷乌拥有的更多的是小酒馆。摩尔多瓦人的好饮在欧洲是比较有名的，不过他们并不像邻居俄罗斯人那样热爱烈性十足的“伏特加”，他们更喜欢葡萄酒。

据摩尔多瓦人自己说，在这块气候温和的土地上，葡萄的栽种历史已经有数千年之久了，山丘起伏绵延的地方，也格外适合各种农作物的生长。摩尔多瓦是一个农业大国，在城市之外，便是一座座乡村牧歌般的农庄、一片片硕果累累的田园。

当地人很以自己肥沃的土地自豪，整个国家没有荒漠、高山，中部地区略高，其他地方则是平缓、低矮的丘陵和丘陵间平地。整个摩尔多瓦有90%以上的面积覆盖着一种养分丰富的土壤——黑钙土。这种土类似中国东北“黑土地”的黑土，土色比较深，含有丰富的腐殖质，格外适合粮食、蔬果生长。俄罗斯土壤学家到摩尔多瓦实地考察之后说，这个就是“黑金”。

除了养分充足的土地，摩尔多瓦也不缺优良的水利资源。境内有很多条河流，两条大河德涅斯特河和普鲁特河以及它们的支流提供了良好的灌溉水源。即使没有发达的河网，摩尔多瓦也不愁用水，因为全国还有超过2000个天然泉眼。

温和的气候、充足的日照、优良的水土，摩尔多瓦人也许真的受到上帝的垂青，拥有了这样美好的家园。

驱车来到乡间，风轻云淡，并不太宽的小路两侧，苍翠的行道树一直延伸向远方，这般景色看起来就像欧洲古典的田园油画。路边的村庄干净整洁，每家的庭院里都种满了花草和果树。在一家的院子里，一棵结满果子的苹果树的枝条被一个个饱满的苹果压弯了，散发着水果甜美的香气和丰收的景象。

我们拜访了一位农场主瓦希里，他拥有葡萄园和不少果树。瓦希里热情好客，带领我们参观他的农庄，一路讲解他的农场小故事，如丰收的香瓜、结得太多以至于来不及采摘的西红柿等，言语之中，透露着对自己国家肥沃土地的无比自豪。

采摘完葡萄的当地妇女

就像很多摩尔多瓦人一样，他用葡萄酒招待我们这些远道而来的客人。这葡萄酒可不是市面上能买得到的，是用自家的葡萄亲手酿造的。问过才知道，在摩尔多瓦，酿制葡萄酒并不是什么高深的技术，虽然不至于人人都会，但是很多家庭都有自己酿酒的传统。因为这里葡萄酒酿造历史悠久，所以有很多人家的酒独具风味，自成一格，绝对不比那些大名鼎鼎的法国、意大利葡萄酒差。

他家自酿有白兰地。白兰地的主要原料也很普通，但是这种酒的酒精度比较高，有40度左右。瓦希里说，他酿造的白兰地比市面上卖的要细腻、柔和得多，而且口感也更加丰富。他有一个“祖传秘方”，就是在酿酒的过程中添加几种花卉，以丰富酒的口味和香气。而花朵的数量和种类，是他家先人经过多年探索才找到的最佳配比，曾有人偷学，放入相同的花瓣，但是酿出的酒却有苦涩的味道。

瓦希里说，他们村子里几乎家家都备有葡萄酒窖，这勾起了我们的好奇心，很想看看小型的家庭酒窖是什么样子，于是他欣然带领我们前往。酒窖位于家里的地下室中，面积不是太大，中间有一个高大的不锈钢酒桶。主人解释说，传统意义上，酿造葡萄酒都是用橡木桶的，但是家庭酒窖毕竟不像那种大规模的生产厂商，可以做到严格控制酒窖里的温度和湿度。在自家的酒窖里，木桶酿出来的酒质量不是很稳定，口感会受到影响。

于是，他专门找到一个厂家，定制了这个不锈钢大酒桶。瓦希里还特别强调，酒桶卫生而且安全，用的钢都是食品级的，而且酒桶的塞子和其他能接触到酒的部件，全部避免使用塑料，因为化学制品有可能污染酒。

除了酒窖，瓦希里家还有一个小小的藏酒馆。在他的收藏品中，不单是葡萄酒，还有来自世界各国的名酒，其中不乏历史珍品。让我们惊喜的是，他还收藏了中国的白酒。瓦希里说，摩尔多瓦人不仅爱喝酒，能喝酒，而且是真正懂得品酒的。

在普通居民家里初步领略了摩尔多瓦的酒文化之后，我们继续前往葡萄酒大本营——藏酒量占世界第一的“地下酒城”克利科瓦酒窖。克利科瓦酒窖距离首都基希讷乌十几千米，是欧洲第一大酒窖，这里收藏了来自世界各地的150多万瓶葡萄酒。

克利科瓦酒窖位于地表以下50~80米深，长长的通道在地下层层延

克利科瓦酒窖有“地下酒城”之称，它是世界藏酒最多的地下酒窖，收藏了来自世界各地的150多万瓶葡萄酒。

伸，宛如一座地下迷宫。克利科瓦酒窖以前是一个采石场，因采集石材而在地面挖出一个深坑。1952年，为修建酒窖选址时，有几位葡萄酒酿造专家慧眼识金，发现了这里，利用原有的坑洞，把采石场改建为一个巨大的酒窖。

经过扩建和改造，克利科瓦酒窖的总面积达到64平方千米，所有通道的总长度达120多千米。这里有两个酒厂，能生产10多种葡萄酒和4种气泡酒。

走进这座地下城堡，立刻就会被它的规模所震撼，这里不愧为一座“地下酒城”，就像一个街区，一条条通道就是街巷，主路很宽敞，可以让两辆汽车并行，在一些交叉的十字路口甚至设立了交通信号灯。如果不是头顶上是石头修葺的顶棚，真难想象这里是在地下深处。

酒窖里的温度让人感觉略为阴凉，这里的温度常年保持在10~12℃之间，湿度也恒定在80%以上。酿造专家说，这样的温度和湿度是最适合酿造和保存葡萄酒的。也许是因为这种环境会让人感觉湿冷，所以酒窖内大部分地方都用了温馨的暖黄色照明。

别有意思的是，这里每条通道都是以酒的名字命名的，粗略看一圈，就有人头马、赤霞珠、雷司令、马提尼等熟悉的名字。不同于普通街巷的是，这里的通道两侧没有商铺住宅，而是整齐地摆放着一排排不同规格、型号的酒桶。贪杯者到这里一定感觉无比幸福，因为整个地下酒城里都弥漫着葡萄酒的香气。

酒城里还设有8个风格各异、装饰考究的品酒厅。这些品酒厅都是经过精心设计的，有碧蓝深邃的海洋馆，有优雅别致的欧洲馆，还有雍容大气的总统馆……这些品酒厅的装饰并不单单是为了美观，不同的厅会提供不同种类的美酒，每个厅都是与相应种类的酒协调搭配的。在各自的风格主题下，能让品酒人更深深体会到每一瓶佳酿的独特韵味。

除了生产和储藏葡萄酒，克利科瓦酒城里还有一个酒类博物馆，让人们能够学到有关葡萄酒的知识，拓展眼界。馆里的讲解员说，这里收藏了近千种世界名酒，其中很多都超过了半个世纪。馆中历史最悠久的一瓶酒生产于1902年，它是一瓶带甜味的葡萄酒，产于耶路撒冷，是专门用来在复活节的庆典中喝的。曾经有个美国人到这来就想出价10万元买这瓶酒，但是博物馆没有答应。

博物馆里还有一个可以让参观者一饱口福的品尝馆。馆里最引人注目的是几座雕像，其中包括第一个飞上太空的宇航员加加林。讲解员介绍说，有很多大家熟悉的名人都曾到这里品尝过，加加林的雕像就是在他品酒之后树立起来的。加加林还为酒窖留了言，他写道：“这里面的酒值得拿各种各样的奖牌。如果说地球上的金属不足以制作这样一个奖牌的话，那我可以到太空中去弄些金属”。

除了生产和储藏葡萄酒，克利科瓦酒城里还有一个酒类博物馆，让人们能够学到有关葡萄酒的知识，拓展眼界。

克利科瓦地下酒窖是摩尔多瓦最引以为豪的地方，外国政要到摩尔多瓦访问时，也经常被邀请到这里。这座地下酒城不光是一个藏酒、喝酒的地方，还提供宴请、会议等众多服务，在酒城里举办的宴会，一定会宾主尽欢。这里的工作人员也算是见多识广，解说员告诉我们，他在不久前还见到俄罗斯总理普京，普京也在他们酒窖里藏了不少酒。

对于我们普通人来说，那些千金难买的珍贵葡萄酒当然无缘一品，实际上，那些收藏超过50年的葡萄酒，早就超过了饮用的期限，不能再喝了。对地下酒城来说，那些酒是珍贵的记忆和收藏品。

现在，克利科瓦地下酒窖每年生产大量的优质葡萄酒，源源不断地销往世界各地，受到全世界人民的欢迎，在中国市场上也有销售。摩尔多瓦的葡萄酒虽然不像法国红酒知名度那么高，但它们的品质其实非常优秀。

在酒城的博物馆里，陈列了一系列奖牌和奖杯。原来，国际上定期举办葡萄酒类的评选和比赛，这种比赛由各国葡萄酒品鉴专家当评委。来自摩尔多瓦克利科瓦酒窖的产品，赢得过70多个不同奖项。

讲解员特别向我们推荐了一种起泡酒，也就是我们通常所说的香

摩尔多瓦寺院是世界上最古老的石教堂之一，建成于十五世纪初。它在建筑设计上仍然保留了中央圆顶的痕迹，是一处著名的世界遗产。

槟。“香槟”一词，原本是法国地名，那里以生产带气泡、甜度适宜的白葡萄酒而闻名。后来这种酒传到世界各地，人们按原产地把这种酒称为“香槟”，后来这个词变成起泡酒的代称。

克利科瓦酒窖的起泡酒颜色金黄，澄亮透明，倒入杯中后会泛起一串串精美的小气泡，同时散发出醉人的果香味。按照专业品酒师的指导，我们品尝了起泡酒。酒入口以后，酒液芳香醇厚，略带一点点葡萄自然的甘甜味，舌头能感觉到气泡崩裂时轻微的麻痒，咽到腹中，唇齿留香，口中会泛起葡萄酒特有的淡淡酸甜。

离开克利科瓦酒窖时，每个参观者都已经微醺，也许是酒精的作用，乡村田园的景致看起来更加可爱了。两旁起伏的绿色小山丘，就像童话故事里的场景一样。这里远离了现代都市的繁华，就像中国诗人陶渊明笔下的桃花源，是如此难得的一方净土，让人发自心底地喜爱。

要离开摩尔多瓦时，大家都有点恋恋不舍。我们站在普鲁克河河边，河对岸就是罗马尼亚，前方不远则是多瑙河，而多瑙河的对岸就是乌克兰。多瑙河在摩尔多瓦境内流经的长度只有短短的400多米，但是他们在这里建立了国际自由港口。

这个港口相当繁荣，停泊满挂着不同国旗的船只，高高的集装箱堆满港口，几乎看不到尽头。在这里我们看到了摩尔多瓦人现代商业的一面。这些集装箱中，有一些就装着摩尔多瓦产出的美味葡萄酒，它们最终会流向世界各个角落，操着不同语言的人们都能享受这片黑土地的恩惠。

向摩尔多瓦写意的环境和质朴的风土人情告别时，我们想起了加加林到访克利科瓦酒窖之后留下的话：“离开克利科瓦比离开地球还难。”同样，这个美好的国度，真让人舍不得离开。●

SEVASTOPOL

塞瓦斯托波尔：英雄之城与黑海舰队

乌克兰的塞瓦斯托波尔市（Sevastopol）听起来有点陌生，除了军事迷，大多数人并不太了解它的故事。这座城市曾经被誉为“英雄之城”，在城边的港湾里，停泊着一艘艘高大的军舰。塞瓦斯托波尔，这座以舰队为背景的城市，无论是地下堡垒还是地面上一座座高大的要塞，都永远抹不去那些往昔峥嵘岁月的痕迹。

只从风光的角度来说，塞瓦斯托波尔是一座优美的海滨城市，它依山傍海，位于欧洲大陆探入黑海的克里木半岛上。整个城市沿着狭长的海岸而建，背后是苍翠的青山，面前是蔚蓝的大海，温和舒适的地中海气候，让这里成为东欧著名的海滨度假胜地。1784年，这里建立城市，俄国女沙皇叶卡捷琳娜二世把它命名为塞瓦斯托波尔，在俄语中，它的意思是“雄伟的、当之无愧的”。俄国的历代沙皇也曾在这里修建行宫，享受黑海的阳光和柔波。

这片美丽的海滨却命中注定不平静。黑海是多瑙河最终的归宿，同时也是连接东欧内陆和中亚、高加索地区进出地中海的主要海路，其战略地位非常重要。而塞瓦斯托波尔市位于半岛的南端，漫长曲折的海岸线上拥有很多深水海湾，这些海湾都是优良的避风港，适合修建港口、停泊船只。正是由于优良的地理位置，1000多年来，这里始终是“兵家必争之地”。

回顾塞瓦斯托波尔市的历史，在古代充满了血腥的侵略，在近代则弥漫着战争的硝烟。克里木半岛拥有悠久的历史，早在史前时代，欧洲人的先祖卡尔特人就在这里生活、居住过。大约在公元6~8世纪，拥有先进航海技术的希腊人来到半岛的南部，在现在的塞瓦斯托波尔市一带建立了城镇和聚居区。

希腊人平静的日子没过多久，在之后的数百年中，半岛先后被

塞瓦斯托波尔是黑海舰队的驻地，这座以舰队和要塞为背景的城市，永远抹不去那些往昔峥嵘岁月的痕迹。

哥特人、匈奴人、拜占庭人等不同种族入侵，塞瓦斯托波尔市也经历了基督教、景教、伊斯兰教等不同宗教势力的洗练。从15世纪开始，土耳其人控制了整个克里米亚半岛，这里的居民维持了一段和平的生活。但是到了19世纪，盘踞北方的沙皇俄国崛起，他们急需一条通往南方的海路出口，于是一场大规模的克里米亚战争爆发。

这场战争，一方是东正教的沙皇俄国，另一方是伊斯兰教奥斯曼土耳其帝国，而战争的借口则是宗教问题。当时，半岛虽然由土耳其人控制，但是岛上依然生活着不少信东正教的俄罗斯族人。俄国人以保护岛上的东正教徒为借口，侵入克里米亚半岛。

塞瓦斯托波尔因为占据主要的战略位置，在1000多年来，这里始终是“兵家必争之地”，这座城市曾经是一个巨大的军事要塞。

Санкт-Петербург
МУЗЕЙ
ВОСКОВЫХ
ФИГУР

1853年10月20日，俄国与奥斯曼土耳其帝国正式开战。俄国军队南下，占领了多瑙河流域的大片地方，这些地方都是奥斯曼帝国的附属小国。奥斯曼土耳其帝国曾经辉煌一时，横霸西亚和东欧，但是在19世纪时，这个庞大帝国正陷入自身的危机之中。土耳其皇帝被称为苏丹，苏丹是一国之主，同时也是教会的教主，帝国实行的是政教合一的独裁体制。19世纪中叶，奥斯曼帝国内部混乱，贫富差距巨大，因为它占领了很多不同民族、文化的区域，所以需要巨大的军费开支去维持统治。这些都加剧了国内外的矛盾。

19世纪初，俄国的农奴制度逐渐瓦解，开始了自己的工业革命之路。当时的沙皇尼古拉一世野心勃勃，希望把势力范围向欧洲东南方向扩展。1828~1829年，俄国开始对土耳其发起战争，沙皇俄国很快就取得了不少成果，包括黑海沿岸、多瑙河入海口附近的大片区域。

之后的30年中，俄国进一步巩固了自己在黑海沿岸以及多瑙河下游地区的势力，甚至参与了奥地利、匈牙利等国之间的战争。看到俄国的“触手”已经延伸到巴尔干半岛，欧洲西部的一些国家开始表示不满。以英国和法国为首的西欧国家，尤其反对俄国占领这些军事要地，因为这会影响它们在南欧地区的利益。

于是，1853年，一场轰轰烈烈的多国大战在多瑙河下游展开了。英、法、土耳其军队共同参与了遏制俄国人的战争，而这场战争中争夺的一个焦点，便是塞瓦斯托波尔市。

在军事历史上，这次大战被称为“塞瓦斯托波尔保卫战”——俄国人坚守自己在战争中取得的成果，而其他几国的联军则要抢回这块“肥肉”。土耳其的军队分布在巴尔干半岛、黑海和高加索地区与俄军展开战斗，周边的一些小公国，也迫于大国的压力纷纷参战。在黑海战区，俄军的舰队起初取得了优势，但是在1854年，英国和法国的舰队开进黑海，投入了对俄作战。

比起土耳其的舰队，英国和法国的舰队无论是在技术和规模上都要先进、庞大得多。同年夏天，两国联军登上了克里米亚半岛，直逼塞瓦斯托波尔。与此同时，驻扎在塞瓦斯托波尔的俄军也迅速加固防线，把土耳其人修筑的军事设施进一步加强。1854年10月，英法联军开始向塞瓦斯托波尔发动进攻，而俄国人则给予了坚决的抵抗和反攻。

塞瓦斯托波尔当地的剧院

这场战争中，英法联军发动了一轮又一轮的进攻，而塞瓦斯托波尔作为一个军事要塞型的城市，一直坚守，一次次击退了敌人。但是同时，俄国人对联军的反击也没有实现想要达到的效果。塞瓦斯托波尔的攻防战一直持续了11个月，直到英法联军出动了当时最先进的大炮持续轰炸，才将俄军击败。在这场漫长的战斗中，双方都付出了惨重的代价，英法联军中，有11万余人长眠于此，而塞瓦斯托波尔城地面以上的建筑，则被炮火摧毁殆尽，只剩下一片残垣断壁。

1856年3月末，奥斯曼土耳其帝国、俄罗斯、萨丁尼亚王国、法国、英国、奥地利和普鲁士签署《巴黎条约》。条约规定，俄罗斯放弃所有占领地区，奥斯曼土耳其帝国的领域被保证，黑海内不得驻军，这场战争正式结束。

对于俄国来说，塞瓦斯托波尔的陷落是一个巨大的损失，俄国因此失去了至关重要的出海口。俄国在北方也拥有军事海港，但是那些地方冬季严寒，港口会被冰封，再强大的舰艇也抵御不了自然规律。而黑海的塞瓦斯托波尔是终年不冻港，更关键的是失去这个港口，等于是失去了通达东欧、南欧的重要通道。

克里米亚战争在军事史上非常有名，因为它开创了人类战争历史上很多个“第一”：按使用的武器和技术来说，这次战争是世界第一次现代化战争；铁甲战船、电报、爆炸性炸弹、铁路运输补给等的使用，也开创了战争史上的先河。

直到今天，人们依然能在塞瓦斯托波尔城市周边找到那场战争的遗物——破碎的弹片、武器的零件等。有意思的是，在2009年，有一个乌克兰人找到了一枚形状奇怪的子弹碎片，后来经过军事专家鉴定，它居然是两颗子弹在空中相撞形成的，而这两枚子弹，则分属于俄军和英法联军。

现在，还有许多“淘宝人”徘徊在古代战场附近，寻找战争遗物，或者自己收藏，或者转卖给军事博物馆。据说还有人专门以此为生。

乘船游弋在碧蓝的海面上，黑海的海水碧绿清澈，随着船只的航向轻轻荡漾，让人很难把眼前的景象与那些硝烟弥漫的日子联系到一起。远远望去，现在的塞瓦斯托波尔市与其他欧洲海边城市一样，浅色的建筑配上红色的屋顶，看上去安详宁静，不过城市周边，一座座不是很高，但结实沉稳的军事要塞提醒着人们，这里与众不同。

战后塞瓦斯托波尔的老照片，在第二次世界大战期间，城市地面以上的建筑几乎被炮火摧毁殆尽，只剩下一片残垣断壁。

塞瓦斯托波尔市一共有十多座军事要塞，经过长期的战火洗礼，这座城市本身已经变成了一座规模庞大的军事堡垒。我们现在看到的地面建筑，被称为“镜子城市”，因为在地下有完备的城市设施，包括街道、商店、交通网，甚至娱乐场所。地下的建筑群完全可以实现地面城市的一切功能，而地下城的建立，也完全是为了军事目的。

正是这迷人的海水造就了塞瓦斯托波尔悲壮的历史，尤其是对自17世纪开始崛起的沙俄王朝，黑海是影响该国与欧洲联系的命脉，当年叶卡捷琳娜正是为了控制黑海而着手组建赫赫有名的黑海舰队。200多年后的今天，塞瓦斯托波尔已经划归为苏联解体后的乌克兰，而黑海舰队仍与这座城市有着说不尽道不完的联系。

克里米亚战争让沙皇俄国吞下了战争的苦果。这场战争的失败，最终瓦解了俄国的农奴制度，开始让这个庞大的帝国大踏步地走上现代化、工业化的进程，这也为之后的政治巨变打下了基础，乃至影响到整个世界的政治格局。

十月革命一声炮响，经历了强烈阵痛的俄国，蜕变成一个实行全新制度的国家——苏维埃社会主义共和国联盟（简称苏联）。除了俄罗斯本土以外，周边斯拉夫语系的多个国家加入这个联盟。克里米亚半岛以及它南端的塞瓦斯托波尔市，再次回到俄国人的怀抱，成为苏联的一个重要军事基地。

海岸边是一片片废墟和遗址，游人们在此徘徊，或是寻找战争遗物，或是来此忆古思今。

第二次世界大战期间，这里再次成为德军攻击的重点，而塞瓦斯托波尔市又一次成为战火的核心地区，比克里米亚战争时期更加惨烈的战斗在这里上演了。在苏俄时代，塞瓦斯托波尔是一座有着辉煌历史的城市，苏德战争后被授予“英雄城”称号的13个苏联城市中，克里米亚半岛就占了2个，其中就包括塞瓦斯托波尔。

现在，塞瓦斯托波尔城里有一座“塞瓦斯托波尔保卫战博物馆”。所谓“塞瓦斯托波尔保卫战”，分为第一次和第二次，它们都发生在第二次世界大战期间，是德军与苏联红军在这里进行的战斗。

为了看到当时战争的原貌，我们来到了塞瓦斯托波尔保卫战博物馆。馆外的一排坦克和舰艇引人注目。在这里可以找到各种旧式的武器和军用品，营房的墙上还贴着“祖国母亲号召入伍”的宣传画。

博物馆的讲解员告诉我们，在馆前方不远处，就曾经发生过持续两天两夜的激烈枪战。站在观景台上，可以俯瞰下面的大片绿地和山脉，开阔的视野让人心旷神怡。可以想象，当年的苏军也是从同样的角度俯瞰同一片景色，对于很多人来说，这番景色是他们一生中最后看到的场景。

第二次塞瓦斯托波尔保卫战中参战的有30万苏联红军和11万德国军队，战争一共持续了8个月。虽然没有第一次保卫战的时间长，但是因为战争技术的进步，武器的威力远远超过上次，战争的惨烈程度也是空前的。

继承了沙皇俄国广阔疆土的苏联，同样重视黑海的重要战略位置。在20世纪30年代，苏联人对塞瓦斯托波尔进行了大规模重建，而重建的目的很简单——把它打造成无法攻克的超级军事堡垒。

沿着300多千米的海岸线，人们在城边修建了12座永久性军事要塞。大多数要塞依山而建，半沉于地下，厚实的外墙可以阻挡当时最先进的大炮。除了地下的“镜子城市”，市内的地面也进行了加固，防止炸弹伤及地下建筑群。他们还在塞瓦斯托波尔市周围挖掘了迷宫一样错综复杂的壕沟，让敌人难以从地面进攻。除了强化海湾的军港，苏联人还在塞瓦斯托波尔市修建了军用机场，力争把这座城市变成“海、陆、空”三位一体的完美要塞。

第二次世界大战打响后，纳粹领导下的德军一直企图东进，而此时的塞瓦斯托波尔市首当其冲地成为战争争夺的焦点。黑海的位置太重要了，因为苏军可以从黑海登陆东欧，沿着多瑙河流域，直接包抄德国的后防线。敌人站在自家“后门”门口，希特勒怎能安枕无忧？于是他加派重军，奔赴黑海之滨的这座小城。

一方志在必得，另一方严阵以待，第二次塞瓦斯托波尔保卫战是一场硬碰硬的恶战，没有丝毫妥协和调停的余地。苏军也在塞瓦斯托波尔的要塞中补给了武器和兵力，甚至加派了素质比普通军人更好的海军陆战队和内务部队。

德军的第一轮猛攻发生在1941年末，这就是所谓的“第一次塞瓦斯托波尔保卫战”。德军大批的步兵和炮兵开始围攻这座要塞，而苏联海军陆战队则在岛的另一侧突袭德军。这次较量以苏军的胜利告终，骁勇的苏联战士给了德军一次迎头痛击。

希特勒知道，塞瓦斯托波尔是一块难啃的硬骨头，但是为了德国的南方战线，无论如何，他都要攻克这座要塞。德军可谓不惜一切代价，除了调集大量地面部队，还调集了空军协助作战，并且增派了大批的炮兵部队。德国的炮兵无论在技术还是战术水平上，在当时都是非常著名的。德国炮兵的加入给苏军带来了沉重的打击，克里米亚半岛的许多地方被德军攻克。

1942年，战火和硝烟成为塞瓦斯托波尔市的核心主题。这一年6月，大批德国炮兵集结在城市北部的要塞之外。苏军也不甘示弱，他们利用地形的优势，在敌人进攻的通道上埋伏好火炮，有效地克制了德军的进攻。

德军认识到，塞瓦斯托波尔的要塞太坚固了，用现有的武器实在无法撬开任何缺口。这时，德国的武器专家发挥了他们的作用，他们先后研制出3种规格、威力空前的超级大炮。这3门大炮中的“古斯塔夫”率先投入战斗，它的炮弹每枚重7000公斤，能够击穿防御工事8米厚的防护围墙。德军巨炮首先摧毁了苏军的弹药库，断绝了苏军武器弹药的补给。

如果没有新武器的加入，塞瓦斯托波尔恐怕真的是“无法攻克”的。但是，历史不允许那么多“如果”。实际情况是，新式大炮可以打穿要塞几米厚的外墙。与炮兵配合，德国的空军以每天1000架次的恐怖频率轰炸塞瓦斯托波尔市城区，整座城市被空投的炸弹炸得粉碎。

此时，地下的“镜子城市”发挥了作用。据说，在轰炸期间，塞瓦斯托波尔市地下建筑没有遭到太多破坏，人们可以在地下城中照常生活甚至娱乐，所以空袭并没有给这里的市民和驻防军队带来太大的损伤。

海港中停泊的军舰。黑海舰队创建于1785年，这支舰队与北方其他两支舰队一起，让沙皇俄国的海军在世界排名中占到第三位。

塞瓦斯托波尔最重要的防御措施就是十几座要塞，当超级大炮炸穿要塞的围墙时，等于宣告了苏军再难挽回局面。随着一座座要塞被德军攻破，这座"不败之城"不得不接受自己的命运。7月4日，苏军开始撤退并投降，德军宣布停火，塞瓦斯托波尔的大门再次被强力的武器硬生生打开。

塞瓦斯托波尔保卫战虽然最终以失守告终，但是这场战役持续了8个月之久，它大大地拖延了德国纳粹在欧洲扩张的速度，也牵制住了德军的大量兵力和武器，这为其他国家和地区的反纳粹斗争赢得了宝贵的时间和机会。德军在塞瓦斯托波尔苦战8个月，开启了通向高加索地区的大门，但同时也付出了数万士兵伤亡，300多架飞机、几百辆坦克的损失，让他们无法按原先的计划，立刻向北方进攻。

两年以后，德军在各处的战场开始力不从心，1944年，苏联红军再次开赴黑海，夺回了塞瓦斯托波尔市。因为它在第二次世界大战中的重要意义，这座城市被授予"英雄之城"的称号。有些军事专家认为，"塞瓦斯托波尔在第二次世界大战中的功勋可与莫斯科和列宁格勒比肩"。

在码头之外的塞瓦尔斯托波尔海港，我们见到了著名的"沉船纪念碑"。这座纪念碑高高耸立在蓝色的波涛中，它的样子并不华丽，底座用粗粝的青灰色石块堆砌而成，耸出海面。石块半包围着一座既像舰艇炮楼，又像要塞的建筑。其上方，是一根朴素的白色圆柱，笔直树立。

圆柱顶端，有一只展翅欲飞的大鸟，似乎正要飞上黑海的上空。这个纪念碑建立于克里米亚战争时，当时的海军在这里炸沉了自己的船只，让它们成为海底障碍物，以阻止敌军的舰船进入塞瓦斯托波尔海港。

现在，战争虽然成为过去，但是围绕这里的争端从来没有停止过。离城不远的港口中停泊的战舰，依然在继续着矛盾和冲突。

黑海舰队，即使不关心军事的人也听说过这个名字。塞瓦斯托波尔的军港就是黑海舰队的大本营。但是，一支俄国的舰队却长期停靠在乌克兰的军港中，这本身，就难以避免产生矛盾。

在军港，我们看到了一艘艘各种规格的舰艇，从船身上悬挂的国旗可以看出，有些是属于乌克兰的，有些是俄罗斯的。黑海舰队创建于1785年，已经有200多年历史。当时俄国的统治者是女沙皇叶卡捷琳娜二世，这支舰队与北方其他两支舰队一起，让沙皇俄国的海军在世界排名中占到第三位。

黑海舰队可谓战功累累，特别是在克里米亚战争和第一次世界大战期间，它们都发挥过重要的作用，捍卫了俄国西南部防线，也为国家争夺了不少利益。在第二次世界大战之后，以苏联为首的社会主义阵营与西方资本主义国家进行对立，在“冷战”期间，黑海舰队控制着土耳其海峡，它虽然没有执行过激烈的海战，但是也曾经驶出地中海，进入大西洋执行军事任务，有效地起到了威慑对立阵营的作用。

这里是黑海舰队的基地，城市街头经常能看到年轻的水兵。现在舰队分别属于俄罗斯和乌克兰两国。

1855

塞瓦斯托波尔海港中的“沉船纪念碑”建立于克里米亚战争时，当时的海军在这里炸沉了自己的船只，让它们成为海底障碍物，阻止敌军的舰船。

因为黑海舰队所在的港口是苏联海军中唯一的不冻港，可以全天候备战，在冷战时期，美苏两国进行军备竞赛，无论是舰队的装备、武器和补给，苏联政府对它的投入都是非常大的。但是随着冷战结束，这支舰队的重要性逐渐萎缩，不过，即便如此，到苏联解体时，黑海舰队依然拥有8万多兵力、800多艘舰船、28艘潜艇、200多架飞机等大量设施和装备。

黑海舰队的司令部和基地设在塞瓦斯托波尔，当苏联解体时，乌克兰宣布脱离苏联，两国展开了对黑海舰队的争夺。几经周折和协商，到1995年，两国达成协议，给这支舰队“分家”，大部分船只归属俄罗斯，少数归属乌克兰。

船只是实物，还好分配，但是港口就麻烦了。塞瓦斯托波尔城的主权无疑属于乌克兰，但是黑海舰队的“老家”又在这里，两国就租赁海港和军事基地的问题展开了漫长的谈判。结果是，俄罗斯的黑海舰队仍然可以使用塞瓦斯托波尔的港口，但是必须向乌克兰缴纳租金。现在，俄国正在黑海沿岸修建自己的海军基地，力争让自己的舰队早日有一个“安身立命”的场所。

早些时候，一些在这里曾经参加过战斗的老红军回到这里故地重游，凭吊牺牲在这里的战友。特别是一些上了年纪的人，他们对苏联红军的英雄伟绩充满怀念，甚至希望塞瓦斯托波尔城能够再次回到俄罗斯的版图中。也许“战争中的友情”确实堪比坚石，我们遇到几位经历过塞瓦斯托波尔保卫战的老人，他们说“反对乌克兰跟俄罗斯对着干，希望统一。应该尊重以前的历史，重新在一起。”而与我们一同乘船的女导游也说，在这里，俄罗斯人和乌克兰人亲如一家，不分彼此，没有什么隔阂。

晚上，乌克兰的电视新闻中又提及俄罗斯在为黑海舰队兴建基地的事。窗外，军舰上的灯光随着黑海的波浪缓缓扶摇。一支几经浮沉，历史悠久的舰队；一片风云变幻，阴晴不定的海峡；塞瓦斯托波尔，这片美丽的海湾，这座美丽的小城，希望它在日后的故事里只有鲜花，不再有血泪和硝烟。

YALTA

雅尔塔：改变世界的地方

雅尔塔（Yalta），一个美丽的名字。如果没有那次决定世界格局的会议，它仅仅是一座黑海海滨的美丽度假地。没有一个地方能像它一样，有幸见证了第二次世界大战后世界命运的确立与转向，它的名字注定要被人们记住，注定要被写入历史中。

今天的雅尔塔是一个繁华热闹的海滨城市，作为东欧著名的度假胜地和黑海的重要港口城市，这里有熙熙攘攘的游客和满载往来的货船。雅尔塔位于黑海东岸、克里米亚半岛南部，城市沿着狭长的海滩展开，既有高高的古老城堡耸立在山崖之上，又有现代化的摩天大楼面海临风。

相传，早在公元前，一些希腊船只在黑海航行时遇到大风暴，狂风巨浪让船偏离了航线，迷失了方向。后来，船队只得锁定一个方向，勉强向前行驶，就在大家心灰意冷之时，终于见到了一片树木苍翠的美丽海岸。

这个地方还没有地名，希腊船员就把这里称为“海岸”，后来这个希腊词语就逐渐成为这片地方的名字，再后来发音逐渐演变成现在的“雅尔塔”。雅尔塔是一座已经有1200多年历史的古城，现在城市也不大，大约有10万人左右。

雅尔塔背靠大山，面临大海，高山阻挡了北方来的寒流，大海带给它温和、湿润的气候。这里冬季不太冷，夏天不太热，盛产水果，特别出产适合酿造葡萄酒的葡萄。这么一个好地方，当然受到人们的欢迎，俄罗斯沙皇世代晚期还在这里建筑了豪华的度假行宫。现在，这里也是乌克兰最主要的疗养地之一。

所有来到雅尔塔的人，都会到末代沙皇的行宫利瓦季亚宫参观，在这里，不但可以见识一下沙皇的奢侈生活，而且这座宫殿也是“雅尔塔会议”召开的地方。

建筑于悬崖之上的“燕子堡”。这座城堡犹如童话的场景，是雅尔塔著名的景点之一。

利瓦季亚宫位于雅尔塔城郊，它本来隶属于一位贵族，俄罗斯沙皇亚历山大二世把它买了下来，加以修饰，以供自己患了肺结核的妻子玛丽亚皇后养病之用。亚历山大二世去世以后，他的儿子尼古拉二世继承沙皇帝位之时，同时也继承下这座豪华的宫殿。

尼古拉二世于1894年继位，19世纪的最后几年，正是欧洲大陆酝酿着巨大变革的时候，而俄国本土，贫苦民众和地主贵族间的矛盾也处于激化状态。这位沙皇脾气暴躁，对待敌人和罪犯都非常严苛，残酷地镇压了一些地方的工人运动，引发了推翻俄国沙皇制度的大革命，最终导致沙皇全家被秘密处决。

尼古拉二世与其家人曾经多次来到雅尔塔度假。每次来这里，皇帝夫妻以及公主王子们都居住在利瓦季亚宫中。利瓦季亚宫是一处壮观的白色建筑群，虽然只有两层，但是整个建筑却非常高大，宽敞的拱门颇显皇室的威严。

利瓦季亚宫位于雅尔塔城郊，它是俄国末代沙皇的度假宫殿，也是雅尔塔会议召开的地方。

宫殿里除了众多奢华的居室，还有豪华的舞厅和宴会厅，以及几处隐秘精致的小花园。著名的雅尔塔会议，就是在以前沙皇召见大臣的“白厅”举行的。白厅位于一层，在它的入口处，放置着精美的大理石雕像。雕像的人物是佩内洛普，她是《荷马史诗》中英雄奥德修斯的妻子和著名的忠臣。这座雕像便是附近城市送给在此疗养的皇后的礼物。

白厅宽敞明亮，是整个宫殿中最华丽的大厅，屋顶和墙壁都是纯洁的白色，这也是此厅得名原因。虽然只是单一的白色，但是显得并不简单，墙壁和屋顶都装饰有精美、复杂的浮雕花纹和图案。在屋顶上，巧妙地装有数百只灯，即便是夜间开会，这里也可以亮如白昼。

召开雅尔塔会议的“白厅”。白厅宽敞明亮，是整个宫殿中最华丽的大厅，屋顶和墙壁，都是纯洁的白色，这也是此厅得名原因，这里以前是沙皇召见大臣用的。

1945年2月，美国总统罗斯福、英国首相丘吉尔和苏联领导人斯大林就是在这座大厅里召开会议，商议战后各项问题的处理和安排。现在大厅里展出着很多雅尔塔会议时的照片，从照片上看，当时这里放置着圆桌，还有华丽的壁炉，因为会议是在2月份召开，会议期间壁炉还被点燃使用过。现在，雅尔塔会议的圆桌不在这里，那张桌子在1999年被移到了正厅，因为这里依然作为会议室，召开过数次重要会议。

在第二次世界大战末期，随着盟国在战场中逐步取得优势，纳粹德国的失败已经可以预见，在这种情况下，反法西斯的主要同盟国需要商议战后的一系列政治问题。1944年7月，美国总统罗斯福首先提出，需要进行一次同盟国间高层首脑的会晤。

罗斯福是美国历史上最受爱戴的总统之一，也是唯一一位连任4届的美国总统。他出身于富豪家庭，毕业于名牌大学，曾经有效地应对了美国的经济危机。第二次世界大战期间，虽然最初美国没有直接参战，但是他们一直站在同盟国一边，为欧洲的反法西斯联盟提供支持。1941年美国参战后，罗斯福提出了轴心国必须无条件投降的原则。

罗斯福的建议得到英国首相丘吉尔的支持。当时的英国已经为战争付出沉重代价，战争令国家经济大受打击，人民生活水平下降不少。但是德国依然拥有不能忽视的武装力量，同盟国之间必须商议，如何采取相互配合的军事行动，尽快结束战争。这位记者、演讲家出身的首相提出，希望英、美、苏三方首脑会议尽快召开，建议于9月份在苏格兰举行。

但是，当时苏联军队正与德国作战，领导人斯大林表示，他正忙于前线事务，无法抽身参与会议，并且表示因为身体状况原因，不能长途旅行。

为了促成这次会议，丘吉尔于1944年10月奔赴莫斯科与斯大林会面。罗斯福虽然没有参加这次会面，但是他与两国首脑都保持着联系，并且再次提出召开三方会议的想法。他写信给斯大林说：“我坚信，我们三人，而且只有我们三人才能够找到解决尚未解决的问题的办法。”

丘吉尔和斯大林在莫斯科的会面作出决定，英、美、苏三个同盟国主要国家将会举行一次最高层的会晤，商议对德战争结束后的安排以及对日宣战等政要问题，而会晤的地点则选在苏联克里木半岛雅尔塔。就是这一决定，让这座小城有机会成为世界关注的焦点。

好事多磨。本来计划在1944年11月举行的会议，因为罗斯福总统的连任就职典礼，不得不再次向后拖延，改在1945年2月举行。现在，我们都习惯地把这次会议称为“雅尔塔会议”，但是在它召开之前，则被称为“阿尔戈航海者”会议。

这个代号是由丘吉尔提出的，这位记者出身的政治领袖为会议取此名称，也是有所指向的。阿尔戈号是一艘船的名字，它的故事来自希腊古代神话，讲的是英雄伊阿宋率领水手，乘坐阿尔戈号帆船，去黑海寻找传说中的金羊毛的故事。

当时盟军在西线的战事陷入困局，如果苏联人能够大力援助，无疑就像给盟国送来珍贵的“金羊毛”，而在远东战区，也需要苏联对日作战。

1945年2月初，被称为“三巨头”的三位大国领导人齐聚黑海海滨的小城雅尔塔。当时罗斯福下榻于利瓦季亚宫，丘吉尔则住在离此五公里的阿卢普卡宫，斯大林住在他们之间的约瑟波夫宫。这几处地方都是过去王宫贵族的别墅和行宫。据说，因为罗斯福曾罹患疾病，腿脚不太灵便，所以会议地点就选在他所居住的利瓦季亚宫举行。

在会议召开前夕，轴心国中意大利、匈牙利、罗马尼亚等国家已经退出，就只剩下德国和日本依然坚持作战，不过两国明显不可能挽回局面。反法西斯战争的胜利很快就要到来，但是曾经并肩作战的几个国家之间也暴露出了矛盾。

所以，“结束战争、安排战后事务、维护今后和平”成为雅尔塔会议的主要议题。从白厅陈列的图片上看，这次会议是在一张大圆桌上举行的，圆桌边有二十几把椅子，其中有三把比较宽大，带有扶手，这三把特殊的椅子，就是为三国领导人准备的。

为了维护自己国家的利益，会议中免不了讨价还价的行为，而三国探讨的问题，关系到战后整个世界的政治格局，最现实的议题便是如何处理战败的德国。在商讨的过程中，苏联是比较占优势的。当时罗斯福身体状况很糟（他于会后3个月去世），而且美国远离欧洲，所以美国不能直接在领土上对德国有所要求。

对于英国来讲，当时英军和法军在战场上还没有越过莱茵河，而从北方进入的苏联军队却已经抵达德国东部。另外，中国和日本的战争仍在继续，英法联军难以抽出力量打击日本，而美国又远离日本，对付日军，也需要斯大林派出军队。

这次会议是实力和需求的较量，最终，苏联同意对日宣战；作为回报，它在雅尔塔会议中也取得了相当大的利益。苏联大大扩展了自己在东欧的势力范围，控制了德国东部地区。法国因为战事吃紧，并没有直接参加雅尔塔会议，但是在瓜分德国占领区方面，法国的利益也得到了尊重。

在雅尔塔会议中，中国并没有被邀请参加讨论，但是会议也涉及了中国的利益。在中国缺席的情况下，会议决定苏联可以在中国旅顺建立军事基地，并取得太平洋西北方一些岛屿的所有权。这些决定在一定程度上损害了中国的主权和利益。在当时，绝大多数中国人恐怕都根本没听说过雅尔塔这个地方，但即使是这样，这次会议对中国以及全世界都产生了巨大影响。

展厅里有一张经典的照片，“三巨头”并排坐在扶手椅上，左边是体态丰腴的丘吉尔，他面带笑容，看起来神情轻松。中间是消瘦的罗斯福，他披着黑色的披风，正与丘吉尔对视，似乎正在说着什么。斯大林在最右边，他头戴军帽，身体向左倾，正在专心倾听另外两人的对话。

因为这次会议是由罗斯福发起并主持的，所以罗斯福坐在中间。这幅照片拍摄于会后，看看三人脸上的表情便可知道，会谈已经完成，三国达成了一致。在会议召开之前，会议的内容是严格保密的。而之所以选择在雅尔塔开会，也是出于安全的考虑。一方面，斯大林不愿意离开苏联的掌控范围；另一方面，雅尔塔三面是山、一面临海，有利的地形可以防止德国人的干扰。

除了瓜分德国，雅尔塔会议还奠定了今日联合国的基础。“联合国”也是美国总统罗斯福提议的。会议中决定，英国、美国、法国、苏联和中国成为联合国常任理事国。遇到重大国际问题需要处理时，必须经过5个常任理事国全部同意，才能执行决议。

照片中展示了一张会议纪要文件。这份文件是关于远东地区对德国赔款的秘密协定。当时，这份文件是高度机密，现在，文件的原件

雅尔塔会议“三巨头”的照片，左边是体态丰腴的丘吉尔；中间是消瘦的罗斯福；穿军装的斯大林在最右边。

保存在莫斯科外交部的档案馆里。文件的尾页有三巨头的签字。第一个签署的是丘吉尔，第二个是罗斯福，最后一个是斯大林。三个人的签名看起来普普通通，但是就是这三个签名，对世界历史造成了深远的影响。

站在利瓦季亚宫大门口，面对着黑海广阔的海面。这座城市，这座宫殿，见证了俄国沙皇最后的奢靡与颓败，见证了现代世界格局的奠基。天还是那么蓝，宫殿的墙壁洁白纯净，仿佛没有沾染过任何污垢。但是，就在眼前，世事发生过多么大的转变！

如邻家女孩般清纯动人的雅尔塔，却有着一段段曲折而沧桑的历史。这些过往的故事，隐藏在风吹浪蚀的峭壁之间，消融在波光闪闪的黑海海面上。

如邻家女孩般清纯动人的雅尔塔，却有着一段段曲折而沧桑的历史。这些过往的故事隐藏在风吹浪蚀的峭壁之间，消融在波光闪闪的黑海海面上。看着海岸步行街上随着音乐起舞的人们，我们不禁猜测，这座曾经孕育过希腊文明的小岛一定是受到了幸运女神的眷顾，让这里的土地和人民在无论经历了多少风雨后，都能朝气蓬勃地迎接新一天的日出。●

D ANUBE DELTA
多瑙河三角洲：归海前的聚会

里属于欧洲，却有着最质朴、最原始的荒野；这里曾经是汪洋大海，但此时却是芦苇丛生，鸟语花香；这里身处欧亚两大地质板块的核心，却依然碧波万顷，密织的河网让它四通八达……

这里就是多瑙河三角洲——多瑙河流入黑海的最后一站，滔滔河水携带着载满的记忆，走到最后一程，泥沙犹如往昔的峥嵘岁月，漫漫沉积下来，在入海口形成一片近4340平方千米的扇形三角洲。

多瑙河三角洲的主要部分位于罗马尼亚东部，小部分归属于乌克兰境内。为了拜谒这条大河壮观的归宿，我们来到多瑙河三角洲的门户——罗马尼亚的图尔恰市（Tulcea）。图尔恰是一座历史悠久的古城，考古学家们在这里有过不少发现，在有文字记载的历史中，早在公元前，就有人在这里建立码头，它成为黑海海畔一个经商、货运的重要据点。

今日的图尔恰是一个美丽的海滨小城，城市不大，人口只有10万左右。从高处眺望，城中几乎都是浅色的建筑配上红瓦的屋顶，在绿树丛中，探出教堂高耸的钟楼；而城外，就是黑海无边的蔚蓝波浪。图尔恰城是图尔恰县的首府，虽然它位于国家的边缘一隅，但却是罗马尼亚最著名的交通枢纽和旅游城市之一。

走在图尔恰城中，随时随地都能感受到小城安逸而舒适的气氛。这里有时会让人有种时空交错的迷离感，路边林立的旅行社广告让人真切地感受到，这里是一个旅游业发达的现代城市，但是漫长的历史在这里积淀了太多故事，让城市的每个角落都散发出让人无法忽视的沧桑、沉静之感。

据说在公元200年左右，罗马帝国横霸欧洲，它的疆域也曾扩展到黑海之滨。当时的罗马皇帝图拉真率领如狼似虎的军队，沿着多瑙河平原和喀尔巴阡山一路向东突击。军队来到现在图尔恰城的位置，通过了一座由大马士革建筑师修筑的石桥，最终占领了这个城镇。

多瑙河入海口处金色的海面

罗马人入驻这里后，把它称为“阿吉苏斯”，并设立了一个军区，修建了要塞和堡垒。后来，罗马帝国式微，崛起的奥斯曼土耳其帝国攻陷了这座海滨堡垒，把这里当做开启欧洲内陆的钥匙，并把城市的名字改为图尔恰。

虽然2000多年前的石桥早已湮灭在漫长的岁月里不见了踪迹，但是，古希腊人、古罗马人、土耳其人以及后来到达这里的各色人等，都在城中或多或少地留下了印记。古城总是有种让人着迷的魅力，因为它的“故事”如同多年陈酿，细细品味，总有说不尽的味道。

另一种交错的感觉来源于图尔恰特殊的地理位置。翻开世界地图，图尔恰几乎是包含在大陆中心地带——亚洲与欧洲的分界线穿越黑海，图尔恰位于黑海的西岸，正是欧洲的东部边缘。它的西边，是罗马尼亚、德国、法国、荷兰等欧洲诸国，跨越整个欧洲大陆，才能到达大西洋；它的北边，是体型庞大的俄罗斯，要经过漫长的森林和山地才能到达北冰洋；它的东边更不用说，越过辽阔的亚洲大陆才是太平洋；它的南边，则是干旱、炎热的阿拉伯半岛，之后才能遇到印度洋。

这里真的是位于大片陆地的中心，却同时是一个货真价实的海滨城市，黑海虽然不比大洋，但是经过几条狭长的海峡，通过地中海和红海，它却能连接大西洋和印度洋，让这片“陆心”一点也不闭塞，甚至都不会让人感觉到它的偏远。看着地图，我们可以把合拢的欧亚大陆比做一个怀抱，怀抱中的就是黑海，而图尔恰城无疑就是这个怀抱里的一颗明珠。

人们来到图尔恰都会去多瑙河三角洲，来看看这片被称为“人类最大的自然实验室” 的生态奇境。这里是多瑙河的入海口，但是并不像很多人想象的那样，会有一条大河奔流入海的情景。

多瑙河在它流经的大地上汇集过无数支流，成为一条壮阔的大河，而当它走到尽头，它的尾端又再次分散，分成无数“枝丫”，形成众多小河分头入海。这些支流中，比较主要的有基利亚河、苏利纳河和斯芬图格奥尔基河3条，它们将绝大多数的多瑙河水注入黑海。

也许有人会问，一条大河，怎么在最后却又分散成许多支流了呢？原来，河流本身河道狭窄，水流速度快，急促的流水可以携带、搬运许多泥沙、杂质，而等到河流入海之时，原本狭小的河道不见

图尔恰是一个美丽的海滨小城，早在公元前，就有人在这里建立码头，让这里成为黑海海畔一个经商、货运的重要据点。

了，变成了广阔一片，失去束缚的河水流淌开去，水流的速度也就随之减慢，于是水的搬运能力减弱，其中夹带的泥沙也就沉淀下来。

俗话说，集腋成裘。久而久之，细小的泥沙积累成一片规模壮观的陆地，在河流入海口形成大片的、近三角形的土地。而河水则努力在三角洲上寻找突破口，分散成众多支流、河网，分头入海。

地质学家测定，多瑙河三角洲形成于数万年前，经过漫长岁月，河沙不断堆积，原本荡漾的碧波中，生生创造出一片面积将近4340平方千米的土地。而且直到现在，只要多瑙河之水依然源源不断，三角洲的面积也会随之不断增长，成为欧洲大陆最“年轻”的新领土。

如果按流量计算，多瑙河是欧洲仅次于伏尔加河的第二大河，它的水流量大，平均每秒6500立方米。这样的大水，每年从流域带来的泥沙超过两亿吨，多瑙河三角洲于是以每年10米的速度向黑海中延伸。

也正是因为这里很“年轻”，所以它保存了自然的原始生态，几乎没有什么人为干扰，是欧洲难得的“净土”和自然景观独一无二的地方。到这里来的游客说，“多瑙河三角洲的任何方面都吸引人，它的植物、飞禽走兽，甚至芦苇都是非常珍贵罕见的。”

生物学家告诉我们，作为欧洲的第三大三角洲，多瑙河三角洲是野生动植物的天堂，它的动植物资源非常丰富，欧洲98%的水生动物品种这里都有，而且这里还有一些本地特有的种群。

多瑙河三角洲是欧洲现存的最大的湿地。这里有纵横交错的河道、河汊、渠道，按照面积来说，总面积的25%是水面，又有13%是河

多瑙河三角洲是欧洲现存的最大的湿地，这里保存了原始的自然面貌，有种类丰富的鸟类。

道间的小沙洲和海口处的小岛；剩下的62%是沼泽，丰水时节会被淹没，枯水的时候则露出地面。

游览多瑙河三角洲，最好的办法当然是坐船。到达三角洲时，最先迎接我们的是望不到边的金灿灿的芦苇。无数的水道流过大片大片的芦苇，分割出一个个神秘的湖泊及沼泽地，构成一个无比神奇的世界。在整个多瑙河三角洲中，芦苇的覆盖面积就占到三分之二，约29万公顷，是世界上面积最大的芦苇区。这里年产芦苇300多万吨，占世界总产量的三分之一。

在多瑙河波浪中已经摔打了几十个春秋的船老大，对这条航道和这里神秘的景观和传说了如指掌。他说芦苇全身是宝，被罗马尼亚人称为“沙沙作响的黄金”，可以制药、织布甚至制造建材。现在芦苇的主要用途之一就是造纸，用芦苇造出来的纸张质量很好，而且比用木材造出来的纸更加经济、环保。

除了芦苇荡，三角洲两岸长满了高大的橡树、白杨、柳树和各种灌木。不过，最引人注意的还是神秘的“浮岛”。“浮岛”是三角洲最为著名的自然景观之一，是三角洲腹地的一大奇景。“浮岛”看似岛屿，它高出水面，上面长着茂盛的植物，与陆地无异，但实际上，它却是“无根”的，完全漂浮在水面之上，甚至可以随波逐流，漂浮不定，所以也因此而得名。

有些浮岛的面积还挺大，其中最大的一个叫吉尼亚，它的制高海拔6.5米。大多数浮岛要高出水面4米左右，有些则几乎不比水面高出多少。浮岛确实是岛，它就像一块漂浮在水面的“竹筏子”，只不过上面有土层，可以生长植物。

浮岛是怎么形成的呢？原来秘密在于芦苇。芦苇的根系相互纠结在一起，编制成一块天然的大“毯子”，根系之间夹杂着泥土，这就是漂浮上土壤的来源。漂浮岛上生长植物，而植物腐败以后又化成岛上的土壤。于是，岛越长越高，虽然它只是漂浮在水面上的，却自成一格，成为天然的筏子。

专家测算过，这里所有浮岛总占地面积有10万公顷左右。最有意思的是，浮岛会在风浪中漂浮，不停地改变着三角洲的自然面貌。即使是经常在这里行船的人，也经常感叹于它们的变化，不断演绎出新的景观。有些浮岛上的树木格外美丽，偶尔能遇到一次，下回却不见了踪迹，所以这些神奇的岛屿拥有着不少神秘的传说和故事。

对于当地的野生动物，浮岛还有一个重要的作用，每年春天，当多瑙河泛滥时，浮岛就成了各类飞禽走兽的避难所。多瑙河三角洲之所以赢得“鸟和动物的天堂”的称谓，这些浮岛功不可没。

船行驶在错综河网上，不时能看到各种美丽的鸟儿掠过天空。船长介绍，多瑙河三角洲是欧洲最重要的候鸟迁徙中转站，每年秋季，从欧洲中部和北部迁往地中海甚至非洲的候鸟都来此落脚，休息一段时间后再踏上征程。而春天，候鸟们又会如期而至，踏上相反的路程。

这里的地理位置和气候都很适宜鸟类生活，所以欧洲、亚洲、非洲的候鸟都在此聚集。这里是欧洲最大，并且是唯一一个可以看到全球不同种类候鸟的聚居地。按照参与人数，“观鸟”是世界第二大户外运动，欧洲更是观鸟运动的发源地，有众多的参与者，所以每年迁徙季节，都有大批的鸟类爱好者专门来此观鸟。

即使在非迁徙季节，这里的鸟也很多，因为这里生态环境很好，也生活着很多“本土”鸟种。在茂密的森林里和波光点点的湖面上生活着各种飞禽500多种，包括世界上仅存的12000多对黑颈鸬鹚。

鹈鹕是多瑙河三角洲上的“明星”鸟种。鹈鹕是一种大鸟，身体超过1米，展开翅膀能超过2米，当然，它们最大的特征就是嘴下那个大大的喉囊。在西方神话中，鹈鹕和黑鹳都被称为“送子鸟”，据说婴儿都是被这些鸟用大嘴叼着一个个送到各家各户的。每当有小孩子问起“我是从哪里来的”时，父母就会说，是“送子鸟”送来的。

船上的博物学家告诉我们，鹈鹕其实是一种非常强壮的鸟类，它的翅膀非常有力，可以打断狐狸等动物的腿骨，所以一般的食肉兽也不会招惹它们。多瑙河三角洲里除了普通的白鹈鹕，还有更加稀少的卷羽鹈鹕。

除了鸟类，多瑙河三角洲还生活着300多种动物和100多种鱼类。目前这里发现的鲟鱼、鲈鱼等珍稀鱼类还有60多种，其中45种是在多瑙河及其支流中土生土长的鱼，另外15种为海鱼。如果运气好的话，还可以遇到很多种野生动物，陆地上有狐狸、狼、貂等中型食肉动物，水里也有水獭、海狗等海兽。

饱览了三角洲的美景，中午时分，我们来到多瑙河边的“渔民之家”餐厅，热情的当地渔民为我们准备了正宗的“鱼餐”——多瑙河

多瑙河入海口是一片近6000平方千米、河汊纵横的三角洲，这里是多瑙河流入黑海的最后一站。

鲜鱼汤和罗马尼亚家家户户都喜欢自酿的最有名的李子酒。餐桌上宾主谈笑甚欢，丰美的鱼餐让我们这些远道的来客也真切地体会了一下多瑙河三角洲的富饶物产。

随船的博物学家告诉我们，这里的鱼还是比较丰富的，不过，每年的四五月份是禁渔时期，那个时候正是鱼类繁殖的季节，需要保护。其他时期基本上可以打渔，但是有几个鱼种是要注意的。鲟鱼的鱼子是上乘的佳肴，价格昂贵，所以鲟鱼是大家追猎的对象，但是，因为近年来它们数量有所减少，所以现在有关部门也进行了限制。

罗马尼亚人这样自豪地描绘他们心目中的多瑙河三角洲——

“只有白昼还没有完全征服黑夜，而万物正在苏醒之时，泛舟在叹息的芦苇丛中，或是当晚霞染红西方的天际，倦鸟在霞光中低飞，满载银鱼的渔船欢乐地归航时，泛舟在三角洲地带的多瑙河上，你才会真正了解多瑙河三角洲。”

的确，多瑙河三角洲是一个不断形成中的世界，它散发着海草、湿土、飞鸟和鲜鱼子酱的蛮荒气味，让人如此流连，如此迷醉。

E S T U A R Y

维尔科沃：大河归宿

错综复杂的河道，变化无穷的浮岛，奔腾的多瑙河水，最终找到了自己的归宿——乌克兰的维尔科沃。多瑙河从这里进入黑海，在奔腾了2800多千米之后，这条伟大的河流终于结束了自己的旅程。

前面已经说过，多瑙河的入海口其实像大树的根系一样，在多瑙河三角洲上分散成无数支流，分头入海的。但是，在乌克兰的维尔科沃有一个“0千米”标志，是被大家公认的多瑙河终点。从德国境内的源头开始，经过了10个国家，我们的多瑙河之旅也走到了尾声。维尔科沃，将是我们这趟旅程的完美句号。

有点出乎意料的是，去往维尔科沃的路程比我们预期得要辗转、复杂，必须转乘火车、汽车和船舶，中间还要借道其他国家。

我们先从乌克兰克里米亚半岛的塞瓦斯托波尔出发，乘火车前往另外一个同样濒临黑海的美丽城市敖德萨。火车轰鸣着驶出了塞瓦斯托波尔火车站，与国内相比，乌克兰的火车看起来比较古老，设施相对简单，行驶速度也没有那么快，但这也更方便旅客们欣赏沿途的风景。

火车一路向北驶去，塞瓦斯托波尔与敖德萨的直线距离并不远，但是火车要绕过克里米亚半岛才能够到达，伴随着列车的晃动，美丽的黑海波涛万顷，海鸟展开翅膀翱翔在海天之间。

敖德萨是一座著名的旅游城市。这里的街道上挤满了来自世界各地的游客，海滩上同样是游人如织，人们在碧蓝的天空和海水之间，尽情享受着黑海的阳光。

汽车离开敖德萨后，车窗外出现了著名的乌克兰大平原。前往多瑙河入海口的旅程并不遥远，但是却需要跨越两个国家。沿着公路一路向南，在穿越了乌克兰的一小片国土之后，还要经过摩尔多瓦共和国的一角，经过简单的海关检查之后，汽车继续前行，很快就到达了我们此行的第一站，乌克兰在多瑙河入海口的最后一座城市——伊兹梅尔（Izmail）。

伊兹梅尔是一座历史悠久的城市，它拥有优良的港口，多瑙河水静静地从城外流过。这里距黑海只有短短的80千米，在伊兹梅尔的港口隔河相望，就是另外一个国家罗马尼亚，但这里却没有多少国境线的戒备森严，多瑙河在这里实际上充当了国境线的角色。这条流动的国境线同时也把多瑙河入海口的三角洲地区分为了两个部分，80%属于罗马尼亚，剩下的20%属于乌克兰。

伊兹梅尔的城市规模不大，人口不到10万。在历史上，这里一直是大国之间争夺的军事和战略要地。16世纪时伊兹梅尔归属于土耳其，18世纪末并入了沙皇俄国，同时还一度归属过罗马尼亚，直到1940年6月划入苏联的乌克兰。今天，这里是一个重要的旅游集散地和中转站，汇聚了来自世界各地的游客。

从伊兹梅尔乘坐汽车出发，下一站就是真正的目的地了。随着路程的接近，我们对"多瑙河终点"的期待也在一点一点地增加。车窗外的景色越来越有荒野气息，这条公路上往来的汽车也不多，草丛中不时飞出的鸟儿提醒我们，这里离繁华的城市越来越远了。

没过太久，我们进入了一座被多瑙河水环抱的小镇。看起来这个小镇居民人数很少，宁静而悠闲。在小镇的入口处，我们找到了一块标注了地名的显示牌，上面用乌克兰文写着小镇的名字——维尔科沃，下面还特地表明了一个年份"1746"。同行的人忍不住欢呼起来，终于到了！

虽然有铭牌，但是维尔科沃的样子还是让我们有些怀疑，因为四周都是密布的河网，水中的沙洲上树木苍翠，保持着原始的风貌，没有太多人工修理的痕迹。稍微远眺，就能看到大片大片的树林——与其说这里是一个小镇，不如说更像一个村庄。

维尔科沃确实不大，只有五六千人居住，他们中的相当一部分，分散在四周的小岛之上，常年以打渔为生，所以把这里看成"村庄"，似乎也不太为过。不过，这里的行政单位的确是镇，而且它还是一个相当有历史的镇子。

这个镇子起源于大约250年前，这里的第一批居民，是为了逃避宗教迫害的俄罗斯人。在17世纪，俄罗斯经历了一场宗教改革。大部分俄罗斯人笃信东正教，东正教是基督教的一个重要分支，他们秉承了

从源头出发，一路沿着大河行进，终于抵达入海口0千米标志。一条神圣的大河缓缓入海，一段追寻的旅程宣告结束。

罗马帝国时期的基督教传统，因为自认为正统，所以也叫“正教”，与天主教、基督新教一起，并列为基督教三大派别。

历史上，东正教也经历过数次改变。在17世纪时，俄罗斯正好经历了教派改革。生活在顿河流域的一些人忠于古老教派，不愿意接受改革，为了避免宗教迫害，他们长途跋涉，一直来到多瑙河三角洲一带。现在的多瑙河三角洲，大部分地方都还依然是荒野，在几百年前，更是荒无人烟了。他们在这片河网纵横的地方寻找栖身之地。

公元1746年，第一批居民在维尔科沃定居下来，小镇就此诞生。现在生活在维尔科沃的人就是那批早期移民的后代，所以他们依然说着古老的俄罗斯方言，生活习惯也基本保持了古代的传统。从地图上来看，维尔科沃其实地处乌克兰和罗马尼亚的交界处，但是这里却保持了古老的俄罗斯传统，遵从不同于周边各处的习俗，并在相当长的时间里保持了独立，很像陶渊明笔下的“桃花源”。

我们之前已经见识过，多瑙河三角洲里虽然有很多结实的土地，但也有很多漂浮移动的“浮岛”，而且离入海口越近，浮岛也就越多。为了定居，维尔科沃的先民费了不少力气。他们把一些比较稳定的浮岛与真正的岛屿、沙洲固定起来，又清理、整治周边的河道，并且不断维护，才逐渐建立起家园。

维尔科沃镇被密集的河网包围，对于当地人来说，船只是他们日常最重要的交通工具。小镇人口最多时曾到过1万多，据说那时全镇一共有5000条船。这是一个离不开船的地方，让人联想起意大利的水城威尼斯，但是维尔科沃却更加质朴、原始。这里的人都善于行船、游泳，以至于周边地区的人都说，“维尔科沃人在海上可以行走如飞”。

漫步在维尔科沃的街头，一座座被鲜花、灌木包围的农舍时时映入眼帘。因为土地有限，维尔科沃的农业比较特别，这里很少种植粮食作物，而主要靠渔业为生。居民们的主食小麦，都是通过与外界的贸易获得的。

镇上的人，精神面貌果然与乌克兰其他地方很不一样。这里的男人们大多蓄着胡子，穿着俄罗斯古典样式的衬衫，腰部扎着样式独特的腰带。这里人皮肤比较白，而眼睛呈现出浅蓝色，都是纯粹的俄罗斯血统的标志。因为语言、习俗不同，再加上位置偏远，本地的居民很少与外界通婚。

不过，维尔科沃人绝对不是与世隔绝，在历史上，他们还曾参与过战争，并且赢得了嘉奖。19世纪，俄罗斯与土耳其人的奥斯曼帝国为争夺黑海、高加索等地的“俄土战争”中，维尔科沃人组建部队，参加了战斗。

当时，俄军的领袖库图佐夫元帅说，维尔科沃人非常英勇，利用自己的船只和高超的驾船技术，为俄国军队运送补给品，成为俄军有利的增援。后来，为了嘉奖他们的表现，俄国允许他们在俄罗斯管辖的海域打渔。

渔业是维尔科沃人最重要的产业，鲱鱼是他们日常生活中非常重要的食物。每天，维尔科沃渔夫会划着自己的小船钻进迷宫般的芦苇荡，晚上就会满载而归。这里的人饮用着纯天然无污染的食物和水，于是非常长寿，镇上有不少位百岁老人。而维尔科沃人坚持认为鲱鱼是最好的食品，多吃鲱鱼是他们长寿的秘诀。

维尔科沃的船也很有特色，船舱不大，两头微微翘起，以便在多瑙河三角洲的芦苇丛中自由地穿行。渔夫和渔民享受着很高的地位，人们尊敬他们，因为他们是最了解这片土地和水域的人。尽管有了汽车，修了路，但是船只和渔网仍然是人们精心照顾和维修的对象。

在维尔科沃，“串沟”是一个很特别的名词，它指的是遍布维尔科沃的小河道，过去的人们就是架着小船在串沟之间来往交通。从这个意义上来说，水就是维尔科沃最早的道路，它承载着人们的生产和日常交际生活，人们利用串沟运送各种各样的东西，大到家具和牛，小到蔬菜和水果。直到今天，在河道里来往穿梭的小船和汽艇仍旧是维尔科沃的一道独特的风景线。

ПРОГУЛКИ
НА КАТЕРАХ
вдоль побережья

乌克兰的敖德萨是一座美丽的海滨旅游城市，人们在碧蓝的天空和海水之间，尽情享受着黑海的阳光。

我们遇到一群在水中玩耍的孩子，他们看起来无忧无虑，欢呼跳跃。这大概就是维尔科沃人日常生活的最好写照，他们天性自由，习惯于无拘无束的悠闲生活，也许是信仰古老宗教的原因，这里的人们看起来就像孩子一样的单纯。

我们从维尔科沃登上小船，向多瑙河的终点驶去。两岸的树丛中，一座座度假小屋时不时从汽艇外掠过，我们行驶在狭窄的河道上，逐渐深入多瑙河三角洲的腹地。今天，由于环境保护的需要，人们已经不能随便在三角洲地区修建房屋，生火和狩猎也受到了严格的控制。岛屿四周有时还能看到美丽的睡莲静静地躺在水中。船长告诉我们，有些面积大的岛上，还有鹿群和野猪。

被“官方认定”的多瑙河入海口旁有两个小岛，我们要去的是其中那座位于乌克兰和罗马尼亚国境线上的无人岛。小岛不大，与三角洲上的其他岛屿一样，四周长满芦苇，岛上有绿茸茸的草地，还有稀疏的天然橡树林。

视野渐渐开阔起来，原本封锁视线的芦苇荡越来越稀疏，而河面却越来越宽阔。转过小弯，前方豁然开朗，蔚蓝色的黑海突然展现在我们眼前。在岛上，我们很快就找到多瑙河终点的标志。

与其说它是一块标牌，不如说更像一个雕塑。黑色方方正正的底座上，一个高大的阿拉伯数字“0”矗立在最前，后面紧跟的是略小一些的英文千米的缩写“KM”。没有更多的解释，整个标志简单异常，就这样立在沙地上，面对着望不到边的蔚蓝黑海。0千米，在这里它的意义非凡，它意味着，多瑙河在这里汇入了黑海，一条大河的终点！

站在标牌前，我们与其他游客一样合影留念。在奔腾流淌了2850千米之后，多瑙河消失在浩瀚的黑海波涛之中。从德国巴登-符腾堡州的多瑙埃辛根开始，多瑙河一路向着黑海汹涌奔来，沿途流经了10个不同的国家，流域面积817000平方千米，在这片广阔的流域内，生活着各种不同的民族，孕育了多姿多彩的文明。

这条河流，既是欧洲古老文明的摇篮之一，也见证着人类社会繁衍生息的历史，我们用了两年时间，沿着这河水的足迹，从源头到大海，见证和记录了多瑙河的方方面面。在如同河水一般流淌的时光中，这只是短暂的一瞬，但愿我们能够从这些记忆中窥见伟大而平凡的自然永恒。

中国国家地理
CHINESE NATIONAL GEOGRAPHY

北京全景地理书业有限公司

最后的漂流

王石、邓中翰、曾强、吕植、文大川、刘鉴强等共同参与。八天八夜的金沙江漂流，动人心魄的亲历笔记。

一次探险，改变一种人生；一次漂流，拯救一条河流。

本书讲述2009年4月，王石等人在金沙江几日的漂流故事，并补充地理、环保、人文等领域相关内容，成为一本丰富而完整的漂流日记图文书。让读者了解漂流，了解中国河流的真正价值。

主编：山水社　撰文：刘鉴强
装帧：16开平装，208页（随书赠送漂流小手册）
定价：38.00元　出版日期：2012年1月

秘境不丹

喜马拉雅护佑的神秘土地，险与时间错位的寂静天堂，他们的幸福直抵心灵深处。本书为不丹王太后的心血力作，由中国国家地理摄影师及特约记者协力打造，带你走进世界上最幸福的国度。在本书中，她用朴实的语言描述了她三十年以来在不丹山区徒步旅行访问村民的难忘经验，中间穿插对不丹历史的回顾、少年时期的生活经历和对人与自然间和谐共处、生活和社会进步的赞美与向往。

作者：多杰·旺姆·旺楚克/著
装帧：16开平装，288页
定价：45元　出版日期：2012年2月

推荐之旅系列——台湾

它是太平洋西畔花彩列岛的“巨人”，它与喜马拉雅在亿万年前血脉相连，它是全世界最著名的风光岛屿之一。它将都市律动与古典情韵完美结合，它文化多元，民风淳朴，美食遍地……它，就是台湾。

作者：张茵 等　装帧：16开精装，352页
定价：68.00元　出版日期：2010年10月

最好的时光在路上

旅行作家、自由摄影师郭子鹰通过长达十余年的自助旅行，积淀出这场归期未定的视觉旅行和21段藏于旅途的灵魂悟语。一辈子是场修行。短的是旅途，长的是人生。旅行，能帮助你遇到那个更好的自己。最好的时光在路上，最美的自己在远方。上路吧，寻找那个更可爱、更勇敢、更真实的自己。

作者：郭子鹰（文字+摄影）
装帧：16开平装，224页，附赠精美明信片
定价：38.00元　出版日期：2011年10月

中国景色

这本书是十年来执行总编单之蔷先生卷首语第一次择其精华，围绕着一个主题：认识中国，精心结构，结集出版。可以说这本书是中国国家地理杂志继《选美中国》、《中国人的景观大道》之后，又一精心之作。书中地图数量多，质量高，还有众多精彩的直击主题的图片，具有珍藏价值。目前《中国景色》第一版已经销售告罄，在重新修订之后，本书第二版已经推出。新书增添了内容及篇幅，地图、图片亦有调整，内容更为精彩。

作者：单之蔷　装帧：16开精装，384页
定价：68.00元　出版日期：2009年

自然百科系列——海洋

《中国国家地理》首度推出国内最权威的海洋百科读物。国际著名的海洋专家与研究机构共同参与，历经数年倾心制作而成。本书是国内少有的大型海洋科普图文书，详尽的海洋地图、精准的海底三维地形图、美妙的手绘图、生动的海底照片共1100幅之多，全面揭秘大洋深处的奇妙世界，让神秘的水世界一览无遗。

作者：斯蒂芬·哈钦森博士等　装帧：8开精装，252页
定价：98.00元　出版日期：2011年7月